Smaki Indie

Kulinarna Podróż przez Tajemnice Indyjskiej Kuchni

Vikram Singh

Indeks

Pikantna Jagnięcina w Jogurcie i Szafranie 18

    Składniki 18

    metoda 19

Jagnięcina Z Warzywami 20

    Składniki 20

    metoda 21

Wołowina Curry Z Ziemniakami 22

    Składniki 22

    metoda 23

Pikantna masala jagnięca 24

    Składniki 24

    metoda 25

Rogana Josha 26

    Składniki 26

    metoda 27

Grillowane Żeberka Wieprzowe 28

    Składniki 28

    metoda 28

Mięso z Mlekiem Kokosowym 29

    4 porcje 29

    Składniki 29

    metoda 30

Kebab wieprzowy 31

Składniki 31

metoda 31

Smażona wołowina chili 32

Składniki 32

metoda 33

Jajka szkockie wołowe 34

Składniki 34

metoda 34

Malabarskie suszone mięso 35

Składniki 35

Na mieszankę przypraw: 35

metoda 36

Kotlety jagnięce Moghlai 37

Składniki 37

metoda 37

Mięso Z Okra 38

Składniki 38

metoda 39

Wołowina Baffad 40

Składniki 40

metoda 41

Badami Gosht 42

Składniki 42

metoda 43

Indyjska pieczona wołowina 44

Składniki 44

metoda 45

Kotlety Khatta Pudina 46
- Składniki 46
- metoda 47

Indyjski stek 48
- Składniki 48
- metoda 48

Jagnięcina w Zielonym Sosie 49
- Składniki 49
- metoda 50

Łatwe Mięso Jagnięce 51
- Składniki 51
- metoda 51

Wieprzowina Sorpotel 52
- Składniki 52
- metoda 53

Marynowana Jagnięcina 54
- Składniki 54
- metoda 54

Haleema 55
- Składniki 55
- metoda 56

Zielone kotlety baranie masala 57
- Składniki 57
- metoda 58

Wątroba jagnięca z kozieradką 59
- Składniki 59
- metoda 60

Wołowina hussaini 61
    Składniki 61
    Na mieszankę przypraw: 61
    metoda 62
Baranek Meti 63
    Składniki 63
    metoda 64
Indad wołowy 65
    Składniki 65
    Na mieszankę przypraw: 65
    metoda 66
Zapiekanka jagnięca 67
    Składniki 67
    metoda 67
Jagnięcina o smaku kardamonu 68
    Składniki 68
    metoda 69
Khema 70
    Składniki 70
    metoda 70
Pikantna Frittata Wieprzowa 71
    Składniki 71
    Na mieszankę przypraw: 71
    metoda 72
Tandoori Raan 73
    Składniki 73
    metoda 74

Talaa jagnięcina 75
    Składniki 75
    Na mieszankę przypraw: 75
    metoda 76
Pieczony język 77
    Składniki 77
    metoda 78
Smażone Roladki Baranie 79
    Składniki 79
    metoda 80
Smażona wątroba masala 81
    Składniki 81
    metoda 82
Pikantny język wołowy 83
    Składniki 83
    metoda 84
Pasandy jagnięce 85
    Składniki 85
    metoda 85
Curry z jagnięciną i jabłkiem 86
    Składniki 86
    metoda 87
Suszona baranina w stylu Andhra 88
    Składniki 88
    metoda 89
Proste curry z wołowiny 90
    Składniki 90

metoda ... 90
Goszt Korma ... 91
    Składniki ... 91
    metoda ... 92
Kotlety Erachi ... 93
    Składniki ... 93
    metoda ... 94
Pieczona mielona wołowina ... 95
    Składniki ... 95
    metoda ... 95
Kaleji Do Pyaaza ... 96
    Składniki ... 96
    metoda ... 97
Baranek na kości ... 98
    Składniki ... 98
    metoda ... 99
Wołowina Vindaloo ... 100
    Składniki ... 100
    metoda ... 101
Mięsne Curry ... 102
    Składniki ... 102
    metoda ... 103
Jagnięcina Z Dynią ... 104
    Składniki ... 104
    metoda ... 105
Gusztaba ... 106
    Składniki ... 106

metoda 107

Jagnięcina z mieszanymi warzywami i ziołami 108

Składniki 108

metoda 109

Cytrynowa Baranek 110

Składniki 110

metoda 111

Pasanda jagnięca z migdałami 112

Składniki 112

metoda 113

Smażona Kiełbasa Wieprzowa Z Papryką 114

Składniki 114

metoda 115

Baranina Shah Jahan 116

Składniki 116

Na mieszankę przypraw: 116

metoda 117

Szaszłyk rybny 117

Składniki 117

Do wypełnienia: 118

metoda 118

Kotlety Rybne 120

Składniki 120

metoda 121

Ryba Sooka 123

Składniki 123

metoda 124

Mahja Kalia 125
    Składniki 125
    metoda 126
Curry z krewetkami Rosachi 127
    Składniki 127
    metoda 128
Ryba nadziewana daktylami i migdałami 129
    Składniki 129
    metoda 129
Ryba Tandoori 131
    Składniki 131
    metoda 131
Ryba Z Warzywami 132
    Składniki 132
    metoda 133
Tandoor Gulnar 134
    Składniki 134
    Na pierwszą marynatę: 134
    Na drugą marynatę: 134
Krewetki w Zielonej Masali 135
    Składniki 135
    metoda 136
Kotlet Rybny 137
    Składniki 137
    metoda 138
Parsi Fish Sas 139
    Składniki 139

metoda 140

Peszawari Machhi 141

    Składniki 141

    metoda 142

Curry z Kraba 143

    Składniki 143

    metoda 144

Musztardowa ryba 145

    Składniki 145

    metoda 145

Meen Vattichathu 146

    Składniki 146

    metoda 147

Doi Maach 148

    Składniki 148

    Na marynatę: 148

    metoda 149

Smażona ryba 150

    Składniki 150

    metoda 150

Kotlet Machhera 151

    Składniki 151

    metoda 152

Miecznik z Goa 153

    Składniki 153

    metoda 154

Suszona Ryba Masala 155

Składniki 155

metoda 155

Curry z krewetkami z Madrasu 156

Składniki 156

metoda 156

Ryba w kozieradce 157

Składniki 157

metoda 158

Karimeen Porichathu 159

Składniki 159

metoda 160

Krewetki Jumbo 161

Składniki 161

metoda 162

Marynowane ryby 163

Składniki 163

metoda 164

Curry z kulkami rybnymi 165

Składniki 165

metoda 166

Ryba Amritsari 167

Składniki 167

metoda 167

Masala Smażone Krewetki 168

Składniki 168

metoda 169

Zakrywająca Solona Ryba 170

Składniki 170

metoda 171

Krewetki Pasandy 172

Składniki 172

metoda 173

Nadziewany miecznik 174

Składniki 174

metoda 175

Teekha Jhinga 176

Składniki 176

metoda 177

Bałchow Kamerun 178

Składniki 178

metoda 179

Kamerun Bhujna 180

Składniki 180

metoda 181

Chingdi Macher Malai 182

Składniki 182

metoda 183

Ryba Sorse Bata 184

Składniki 184

metoda 184

Zupa rybna 185

Składniki 185

metoda 186

Jhinga Nissa 187

Składniki 187

metoda 188

Lula Vindaloo 189

Składniki 189

metoda 190

Homar z Bałchowa 191

Składniki 191

metoda 192

Krewetki Z Bakłażanem 193

Składniki 193

metoda 194

Zielone krewetki 195

Składniki 195

metoda 195

Ryba Z Kolendrą 196

Składniki 196

metoda 196

Malajska ryba 197

Składniki 197

Na mieszankę przypraw: 197

metoda 198

Curry rybne Konkani 199

Składniki 199

metoda 199

Pikantne krewetki czosnkowe 200

Składniki 200

metoda 201

Proste curry rybne 202

    Składniki 202

    metoda 202

Curry z ryby goańskiej 203

    Składniki 203

    metoda 204

Krewetki Vindaloo 205

    4 porcje 205

    Składniki 205

    metoda 206

Ryba w Zielonej Masali 207

    Składniki 207

    metoda 208

Clam Masala 209

    Składniki 209

    metoda 210

Ryba Tikka 211

    Składniki 211

    metoda 212

Bakłażan Nadziewany Krewetkami 213

    Składniki 213

    metoda 214

Krewetki Z Czosnkiem I Cynamonem 215

    Składniki 215

    metoda 215

Halibut na parze z musztardą 216

    Składniki 216

metoda 216
Curry z żółtej ryby 217
   Składniki 217
   metoda 217

Pikantna Jagnięcina w Jogurcie i Szafranie

4 porcje

Składniki

5 łyżek ghee

1 łyżeczka pasty imbirowej

1 łyżeczka pasty czosnkowej

675 g jagnięciny bez kości, pokrojonej na kawałki o grubości 3,5 cm.

Sól dla smaku

750 ml / 1¼ litra wody

4 duże cebule, pokrojone w plasterki

1 łyżeczka chili w proszku

1 łyżeczka garam masala

1 łyżka brązowego cukru rozpuszczona w 2 łyżkach wody

3 zielone papryki, przekrojone wzdłuż

30 g/1 uncja mielonych migdałów

400 g jogurtu greckiego, wstrząśnięty

10 g/¼ uncji liści kolendry, drobno posiekanych

½ łyżeczki szafranu rozpuścić w 2 łyżkach mleka

metoda

- Na patelni rozgrzej połowę ghee. Dodaj pastę imbirową i pastę czosnkową. Smażyć na średnim ogniu przez 1-2 minuty.

- Dodaj jagnięcinę i sól. Smaż przez 5-6 minut.

- Dodaj wodę i dobrze wymieszaj. Przykryj pokrywką i gotuj przez 40 minut, od czasu do czasu mieszając. Odłóż to na bok.

- Na innej patelni rozgrzej pozostałe ghee. Dodaj cebulę i smaż na średnim ogniu, aż staną się półprzezroczyste.

- Dodaj chili w proszku, garam masala, wodę z cukrem, zielone chilli i mielone migdały. Kontynuuj smażenie przez jedną minutę.

- Dodaj jogurt i dobrze wymieszaj. Gotuj mieszaninę przez 6-7 minut, dobrze mieszając.

- Dodaj tę mieszaninę do mieszanki jagnięcej. Dobrze wymieszaj. Przykryj pokrywką i gotuj przez 5 minut, od czasu do czasu mieszając.

- Udekoruj liśćmi kolendry i szafranem. Podawać na gorąco.

Jagnięcina Z Warzywami

4 porcje

Składniki

675 g jagnięciny pokrojonej na kawałki o długości 2,5 cm

Sól dla smaku

½ łyżeczki mielonego czarnego pieprzu

5 łyżek rafinowanego oleju roślinnego

2 liście laurowe

4 kapsułki zielonego kardamonu

4 goździki

2,5 cm cynamonu

2 duże cebule, drobno posiekane

1 łyżeczka szafranu

1 łyżka mielonego kminku

1 łyżeczka chili w proszku

1 łyżeczka pasty imbirowej

1 łyżeczka pasty czosnkowej

2 pokrojone pomidory

200 g groszku

1 łyżeczka nasion kozieradki

Różyczki kalafiora 200g / 7oz

500 ml/16 uncji wody

200 g jogurtu

10 g/¼ uncji liści kolendry, drobno posiekanych

metoda

- Marynuj jagnięcinę solą i pieprzem przez 30 minut.

- Rozgrzej olej na patelni. Dodać liście laurowe, kardamon, goździki i cynamon. Pozwól im bełkotać przez 30 sekund.

- Dodać cebulę, kurkumę, kminek w proszku, chili w proszku, pastę imbirową i pastę czosnkową. Smaż je na średnim ogniu przez 1-2 minuty.

- Dodać marynowaną jagnięcinę i smażyć przez 6-7 minut, od czasu do czasu mieszając.

- Dodać pomidory, groszek, nasiona kozieradki i różyczki kalafiora. Smaż przez 3-4 minuty.

- Dodaj wodę i dobrze wymieszaj. Przykryj pokrywką i gotuj przez 20 minut.

- Odkryj patelnię i dodaj jogurt. Dobrze wymieszaj przez minutę, ponownie przykryj i gotuj przez 30 minut, od czasu do czasu mieszając.

- Udekoruj liśćmi kolendry. Podawać na gorąco.

Wołowina Curry Z Ziemniakami

4 porcje

Składniki

6 ziaren czarnego pieprzu

3 goździki

2 kapsułki czarnego kardamonu

2,5 cm cynamonu

1 łyżeczka nasion kminku

4 łyżki rafinowanego oleju roślinnego

3 duże cebule, drobno posiekane

¼ łyżeczki kurkumy

1 łyżeczka chili w proszku

1 łyżeczka pasty imbirowej

1 łyżeczka pasty czosnkowej

750 g/1 funt 10 uncji mielonej wołowiny

2 pokrojone pomidory

3 duże ziemniaki, pokrojone w kostkę

½ łyżeczki garam masala

1 łyżka soku z cytryny

Sól dla smaku

1 litr wody

1 łyżka liści kolendry, drobno posiekanych

metoda

- Zmiel ziarna pieprzu, goździki, kardamon, cynamon i kminek na drobny proszek. Odłóż to na bok.

- Rozgrzej olej na patelni. Dodać cebulę i smażyć na średnim ogniu na złoty kolor.

- Dodaj zmielone chili w proszku, kurkumę, chili w proszku, pastę imbirową i pastę czosnkową. Smaż przez minutę.

- Dodajemy mięso mielone i smażymy 5-6 minut.

- Dodaj pomidory, ziemniaki i garam masala. Dobrze wymieszaj i gotuj przez 5-6 minut.

- Dodać sok z cytryny, sól i wodę. Przykryj pokrywką i gotuj przez 45 minut, od czasu do czasu mieszając.

- Udekoruj liśćmi kolendry. Podawać na gorąco.

Pikantna masala jagnięca

4 porcje

Składniki

675 g/1 ½ funta jagnięciny, mielonej

3 duże cebule, pokrojone w plasterki

750 ml / 1¼ litra wody

Sól dla smaku

4 łyżki rafinowanego oleju roślinnego

4 liście laurowe

¼ łyżeczki nasion kminku

¼ łyżeczki nasion gorczycy

1 łyżeczka pasty imbirowej

1 łyżeczka pasty czosnkowej

2 zielone papryki, posiekane

1 łyżka orzeszków ziemnych, zmielonych

1 łyżka Chana Dhal*, prażone na sucho i mielone

1 łyżeczka chili w proszku

¼ łyżeczki kurkumy

1 łyżeczka garam masala

1 sok z cytryny

50 g liści kolendry, drobno posiekanych

metoda

- Wymieszaj jagnięcinę z cebulą, wodą i solą. Gotuj tę mieszaninę na patelni na średnim ogniu przez 40 minut. Odłóż to na bok.

- Rozgrzej olej na patelni. Dodaj liście laurowe, nasiona kminku i nasiona gorczycy. Pozwól im bełkotać przez 30 sekund.

- Dodaj pastę imbirową, pastę czosnkową i zielone chilli. Smaż je na średnim ogniu przez minutę, ciągle mieszając.

- Dodaj zmielone orzeszki ziemne, chana dhal, chilli w proszku, kurkumę i garam masala. Kontynuuj smażenie przez 1-2 minuty.

- Dodaj mieszankę jagnięcą. Dobrze wymieszaj. Przykryj pokrywką i gotuj przez 45 minut, od czasu do czasu mieszając.

- Posyp sokiem z cytryny i liśćmi kolendry i podawaj na gorąco.

Rogana Josha

(Cury z jagnięciny kaszmirskiej)

4 porcje

Składniki

1 sok z cytryny

200 g jogurtu

Sól dla smaku

Jagnięcina 750 g/1 funt 10 uncji, pokrojona na kawałki o długości 2,5 cm

75 g ghee plus dodatkowa ilość do smażenia

2 duże cebule, drobno posiekane

2,5 cm cynamonu

3 goździki

4 kapsułki zielonego kardamonu

1 łyżeczka pasty imbirowej

1 łyżeczka pasty czosnkowej

1 łyżeczka mielonej kolendry

1 łyżeczka mielonego kminku

3 duże pomidory, drobno posiekane

750 ml / 1¼ litra wody

10 g/¼ uncji liści kolendry, drobno posiekanych

metoda

- Wymieszaj sok z cytryny, jogurt i sól. Marynuj jagnięcinę w tej mieszance przez godzinę.

- Na patelni rozgrzej ghee do smażenia. Dodać cebulę i smażyć na średnim ogniu na złoty kolor. Odcedź i zachowaj.

- Na patelni rozgrzej pozostałe ghee. Dodać cynamon, goździki i kardamon. Pozwól im bełkotać przez 15 sekund.

- Dodać marynowaną jagnięcinę i smażyć na średnim ogniu przez 6-7 minut.

- Dodaj pastę imbirową i pastę czosnkową. Smaż przez 2 minuty.

- Dodać mieloną kolendrę, mielony kminek i pomidor, dobrze wymieszać i smażyć kolejną minutę.

- Dodaj wodę. Przykryj pokrywką i gotuj przez 40 minut, od czasu do czasu mieszając.

- Udekoruj liśćmi kolendry i smażoną cebulą. Podawać na gorąco.

Grillowane Żeberka Wieprzowe

4 porcje

Składniki

6 zielonych papryczek

5 cm / 2 cale z korzenia imbiru

15 ząbków czosnku

¼ małej surowej papai, zmielonej

200 g jogurtu

2 łyżki rafinowanego oleju roślinnego

2 łyżki soku z cytryny

Sól dla smaku

750 g/1 funt 10 uncji żeberek pokrojonych na 4 części

metoda

- Zmiel zielone chilli, imbir, czosnek i surową papaję z taką ilością wody, aby powstała gęsta pasta.

- Wymieszaj tę pastę z pozostałymi składnikami oprócz żeberek. Marynuj żeberka w tej mieszance przez 4 godziny.

- Marynowane żeberka grilluj przez 40 minut, od czasu do czasu obracając. Podawać na gorąco.

Mięso z Mlekiem Kokosowym

4 porcje

Składniki

5 łyżek rafinowanego oleju roślinnego

675 g wołowiny pokrojonej w paski o długości 5 cm

3 duże cebule, drobno posiekane

8 ząbków czosnku, posiekanych

2,5 cm / 1 cal Korzeń imbiru, drobno posiekany

2 zielone papryki, przekrojone wzdłuż

2 łyżeczki mielonej kolendry

2 łyżeczki mielonego kminku

2,5 cm cynamonu

Sól dla smaku

500 ml/16 uncji wody

500 ml/16 uncji mleka kokosowego

metoda

- Na patelni rozgrzej 3 łyżki oleju. Dodawaj stopniowo paski wołowiny i smaż na małym ogniu przez 12-15 minut, od czasu do czasu obracając. Odcedź i zachowaj.

- Na patelni rozgrzej pozostały olej. Dodaj cebulę, czosnek, imbir i zielone chilli. Smażyć na średnim ogniu przez 2-3 minuty.

- Dodać smażone paski mięsa, sproszkowaną kolendrę, kminek, cynamon, sól i wodę. Gotuj przez 40 minut.

- Dodaj mleko kokosowe. Gotuj przez 20 minut, ciągle mieszając. Podawać na gorąco.

Kebab wieprzowy

4 porcje

Składniki

100 ml oleju musztardowego

3 łyżki soku z cytryny

1 mała cebula, zmielona

2 łyżeczki pasty czosnkowej

1 łyżeczka musztardy w proszku

1 łyżeczka mielonego czarnego pieprzu

Sól dla smaku

600 g wieprzowiny bez kości, pokrojonej na kawałki o grubości 3,5 cm.

metoda

- Wymieszaj wszystkie składniki oprócz wieprzowiny. Marynuj wieprzowinę w tej mieszance przez noc.

- Marynowaną wieprzowinę nadziewamy szaszłykiem i grillujemy przez 30 minut. Podawać na gorąco.

Smażona wołowina chili

4 porcje

Składniki

750 g/1 funt 10 uncji wołowiny, pokrojonej na kawałki o długości 2,5 cm

6 ziaren czarnego pieprzu

3 duże cebule, pokrojone w plasterki

1 litr wody

Sól dla smaku

4 łyżki rafinowanego oleju roślinnego

2,5 cm / 1 cal Korzeń imbiru, drobno posiekany

8 ząbków czosnku, posiekanych

4 zielone papryki

1 łyżka soku z cytryny

50 g/1 uncja liści kolendry

metoda

- Mięso wymieszać z ziarnami pieprzu, 1 cebulą, wodą i solą. Gotuj tę mieszaninę na patelni na średnim ogniu przez 40 minut. Odcedź i zachowaj. Zapas rezerwowy.

- Rozgrzej olej na patelni. Pozostałą cebulę smaż na średnim ogniu na złoty kolor. Dodaj imbir, czosnek i zielone chilli. Smaż przez 4-5 minut.

- Dodaj sok z cytryny i mieszankę mięsną. Kontynuuj gotowanie przez 7-8 minut. Dodaj zapasy zarezerwowane.

- Przykryj pokrywką i gotuj przez 40 minut, od czasu do czasu mieszając. Dodaj liście kolendry i dobrze wymieszaj. Podawać na gorąco.

Jajka szkockie wołowe

4 porcje

Składniki

500 g/1 funt i 2 uncje wołowiny, mielonej

Sól dla smaku

1 litr wody

3 łyżki besan*

1 ubite jajko

25 g/niewielka 1 uncja liści mięty, drobno posiekanych

25 g/niewielkie 1 uncja liści kolendry, posiekanych

8 gotowanych jajek

Rafinowany olej roślinny do smażenia

metoda

- Mięso wymieszać z solą i wodą. Gotuj na patelni na małym ogniu przez 45 minut. Zmiel na pastę i wymieszaj z besanem, ubitym jajkiem, miętą i liśćmi kolendry. Tą mieszanką przykryj ugotowane jajka.
- Na patelni rozgrzej olej. Dodaj zawinięte jajka i smaż na średnim ogniu, aż uzyskasz złoty kolor. Podawać na gorąco.

Malabarskie suszone mięso

4 porcje

Składniki

675 g/1 ½ funta wołowiny pokrojonej w kostkę

4 łyżki rafinowanego oleju roślinnego

3 duże cebule, pokrojone w plasterki

1 pomidor, posiekany

100 g / 3½ uncji suszonego kokosa

1 łyżeczka chili w proszku

1 łyżeczka garam masala

1 łyżeczka mielonej kolendry

1 łyżeczka mielonego kminku

Sól dla smaku

1 litr wody

Na mieszankę przypraw:

3,5 cm / 1½ cala Korzeń imbiru

6 zielonych papryczek

1 łyżka mielonej kolendry

10 liści curry

1 łyżka pasty czosnkowej

metoda

- Wszystkie składniki mieszanki przypraw zmiel na gęstą pastę. Marynuj mięso w tej mieszance przez godzinę.
- Rozgrzej olej na patelni. Smażyć cebulę na średnim ogniu na złoty kolor. Dodaj mięso i smaż przez 6-7 minut.
- Dodaj pozostałe składniki. Gotuj przez 40 minut i podawaj na gorąco.

Kotlety jagnięce Moghlai

4 porcje

Składniki

5 cm / 2 cale Z korzenia imbiru

8 ząbków czosnku

6 suszonych czerwonych papryczek

2 łyżeczki soku z cytryny

Sól dla smaku

8 kotletów jagnięcych, rozbitych i spłaszczonych

150 g ghee

2 duże ziemniaki, pokrojone w plasterki i usmażone

2 duże cebule

metoda

- Zmiel imbir, czosnek i czerwoną paprykę z sokiem z cytryny, solą i taką ilością wody, aby powstała gładka pasta. Marynuj kotlety w tej mieszance przez 4-5 godzin.
- Na patelni rozgrzej ghee. Dodaj marynowane kotlety i smaż na średnim ogniu przez 8 do 10 minut.
- Dodać cebulę i smażone ziemniaki. Gotuj przez 15 minut. Podawać na gorąco.

Mięso Z Okra

4 porcje

Składniki

4½ łyżki rafinowanego oleju roślinnego

200 g okry

2 duże cebule, drobno posiekane

2,5 cm / 1 cal Korzeń imbiru, drobno posiekany

4 ząbki czosnku, posiekane

750 g/1 funt 10 uncji wołowiny, pokrojonej na kawałki o długości 2,5 cm

4 suszone czerwone papryki

1 łyżka mielonej kolendry

½ łyżki mielonego kminku

1 łyżeczka garam masala

2 pokrojone pomidory

Sól dla smaku

1 litr wody

metoda

- Na patelni rozgrzej 2 łyżki oleju. Dodaj okrę i smaż na średnim ogniu, aż będzie chrupiąca i złocista. Odcedź i zachowaj.
- Na patelni rozgrzej pozostały olej. Smaż cebulę na średnim ogniu, aż będzie przezroczysta. Dodaj imbir i czosnek. Smaż przez minutę.
- Dodaj mięso. Smaż przez 5-6 minut. Dodaj wszystkie pozostałe składniki i okrę. Gotuj przez 40 minut, ciągle mieszając. Podawać na gorąco.

Wołowina Baffad

(Wołowina gotowana z kokosem i octem)

4 porcje

Składniki

675 g/1 ½ funta wołowiny pokrojonej w kostkę

Sól dla smaku

1 litr wody

1 łyżeczka szafranu

½ łyżeczki czarnego pieprzu

½ łyżeczki nasion kminku

5-6 goździków

2,5 cm cynamonu

12 ząbków czosnku, posiekanych

2,5 cm / 1 cal Korzeń imbiru, drobno posiekany

100 g/3½ uncji świeżego kokosa, startego

6 łyżek octu słodowego

5 łyżek rafinowanego oleju roślinnego

2 duże cebule, drobno posiekane

metoda

- Mięso wymieszać z solą i wodą i smażyć na patelni na średnim ogniu przez 45 minut, od czasu do czasu mieszając. Odłóż to na bok.
- Zmiel pozostałe składniki oprócz oleju i cebuli.
- Rozgrzej olej na patelni. Dodaj mieszaninę gleby i cebulę.
- Smażyć na średnim ogniu przez 3-4 minuty. Dodaj mieszankę mięsną. Gotuj przez 20 minut, od czasu do czasu mieszając. Podawać na gorąco.

Badami Gosht

(Jagnięcina z Migdałami)

4 porcje

Składniki

5 łyżek ghee

3 duże cebule, drobno posiekane

12 zmiażdżonych ząbków czosnku

3,5 cm / 1½ cala Korzeń imbiru, drobno posiekany

750 g/1 funt 10 uncji jagnięciny, mielonej

75 g/2½ uncji mielonych migdałów

1 łyżka garam masali

Sól dla smaku

250 g jogurtu

360 ml/12 uncji mleka kokosowego

500 ml/16 uncji wody

metoda

- Podgrzej ghee na patelni. Dodaj wszystkie składniki oprócz jogurtu, mleka kokosowego i wody. Dobrze wymieszaj. Smażyć na małym ogniu przez 10 minut.
- Dodaj pozostałe składniki. Gotuj przez 40 minut. Podawać na gorąco.

Indyjska pieczona wołowina

4 porcje

Składniki

30 g/1 uncja sera Cheddar, startego

½ łyżeczki mielonego czarnego pieprzu

1 łyżeczka chili w proszku

10 g posiekanych liści kolendry

10 g/¼ uncji liści mięty, drobno posiekanych

1 łyżeczka pasty imbirowej

1 łyżeczka pasty czosnkowej

25 g/1 uncja bułki tartej

1 ubite jajko

Sól dla smaku

675 g wołowiny bez kości, spłaszczonej i pokrojonej na 8 kawałków

5 łyżek rafinowanego oleju roślinnego

500 ml/16 uncji wody

metoda

- Wszystkie składniki oprócz mięsa, oleju i wody wymieszać.
- Nałóż tę mieszaninę na jedną stronę każdego kawałka mięsa. Każdy z nich zwiń w rulon i zawiąż sznurkiem, aby zamknąć.
- Rozgrzej olej na patelni. Dodać bułki i smażyć na średnim ogniu przez 8 minut. Dodaj wodę i dobrze wymieszaj. Gotuj przez 30 minut. Podawać na gorąco.

Kotlety Khatta Pudina

(Pikantne Kotlety Miętowe)

4 porcje

Składniki

1 łyżeczka mielonego kminku

1 łyżka mielonego białego pieprzu

2 łyżeczki garam masali

5 łyżek soku z cytryny

4 łyżki pojedynczej śmietanki

150 g jogurtu

250 ml chutneyu miętowego

2 łyżki mąki kukurydzianej

¼ małej papai, zmielonej

1 łyżka pasty czosnkowej

1 łyżka pasty imbirowej

1 łyżeczka mielonej kozieradki

Sól dla smaku

675 g kotletów jagnięcych

Rafinowany olej roślinny do polewania

metoda

- Wymieszaj wszystkie składniki oprócz kotletów jagnięcych i oleju. Marynuj kotlety w tej mieszance przez 5 godzin.
- Kotlety skrop oliwą i grilluj przez 15 minut. Podawać na gorąco.

Indyjski stek

4 porcje

Składniki

675 g/1 ½ funta wołowiny pokrojonej na steki

3,5 cm / 1½ cala Korzeń imbiru, drobno posiekany

12 ząbków czosnku, posiekanych

2 łyżki mielonego czarnego pieprzu

4 średniej wielkości cebule, posiekane

4 zielone papryki, drobno posiekane

3 łyżki octu

750 ml / 1¼ litra wody

Sól dla smaku

5 łyżek rafinowanego oleju roślinnego plus dodatkowa ilość do smażenia

metoda

- Wszystkie składniki oprócz oleju do smażenia wymieszaj na patelni.
- Przykryć szczelnie przylegającą pokrywką i gotować przez 45 minut, od czasu do czasu mieszając.
- Na patelni rozgrzej pozostały olej. Dodaj ugotowaną mieszankę stekową i smaż na średnim ogniu przez 5-7 minut, od czasu do czasu obracając. Podawać na gorąco.

Jagnięcina w Zielonym Sosie

4 porcje

Składniki

4 łyżki rafinowanego oleju roślinnego

3 duże cebule, starte

1 ½ łyżeczki pasty imbirowej

1 łyżeczka pasty czosnkowej

675 g jagnięciny pokrojonej na kawałki o długości 2,5 cm

½ łyżeczki cynamonu w proszku

½ łyżeczki zmielonych goździków

½ łyżeczki mielonego czarnego kardamonu

6 suszonych czerwonych papryczek, rozgniecionych

2 łyżeczki mielonej kolendry

½ łyżeczki mielonego kminku

10 g/¼ uncji liści kolendry, drobno posiekanych

4 pomidory, puree

Sól dla smaku

500 ml/16 uncji wody

metoda

- Rozgrzej olej na patelni. Dodać cebulę, pastę imbirową i pastę czosnkową. Smażyć na średnim ogniu przez 2-3 minuty.

- Dodać wszystkie pozostałe składniki oprócz wody. Dobrze wymieszaj i smaż przez 8 do 10 minut. Dodaj wodę. Przykryj pokrywką i gotuj przez 40 minut, od czasu do czasu mieszając. Podawać na gorąco.

Łatwe Mięso Jagnięce

4 porcje

Składniki

3 łyżki oleju musztardowego

2 duże cebule, drobno posiekane

Korzeń imbiru o długości 7,5 cm/3 cale, drobno posiekany

2 łyżeczki grubo zmielonego czarnego pieprzu

2 łyżeczki mielonego kminku

Sól dla smaku

1 łyżeczka szafranu

750 g/1 funt 10 uncji mięsa mielonego

500 ml/16 uncji wody

metoda

- Rozgrzej olej na patelni. Dodać cebulę, imbir, pieprz, kminek, sól i kurkumę. Smaż przez 2 minuty. Dodaj mięso mielone. Smaż przez 8 do 10 minut.
- Dodaj wodę. Dobrze wymieszaj i gotuj przez 30 minut. Podawać na gorąco.

Wieprzowina Sorpotel

(Wątróbka wieprzowa gotowana w sosie goańskim)

4 porcje

Składniki

250 ml/8 uncji octu słodowego

8 suszonych czerwonych papryczek

10 ziaren czarnego pieprzu

1 łyżeczka nasion kminku

1 łyżka nasion kolendry

1 łyżeczka szafranu

500 g/1 funt i 2 uncje wieprzowiny

250 g wątroby

Sól dla smaku

1 litr wody

120 ml/4 uncji rafinowanego oleju roślinnego

5 cm / 2 cale Korzeń imbiru, drobno pokrojony

20 ząbków czosnku, posiekanych

6 zielonych papryczek, przeciętych wzdłuż

metoda

- Zmiel połowę octu z czerwonym chili, pieprzem, kminkiem, kolendrą i kurkumą, aż uzyskasz delikatną pastę. Odłóż to na bok.
- Wymieszaj wieprzowinę i wątrobę z solą i wodą. Gotuj na patelni przez 30 minut. Odcedź i zachowaj wywar. Mięso wieprzowe i wątrobę pokroić w kostkę. Odłóż to na bok.
- Rozgrzej olej na patelni. Dodać mięso mielone i smażyć na małym ogniu przez 12 minut. Dodać pastę i wszystkie pozostałe składniki. Dobrze wymieszaj.
- Smaż przez 15 minut. Dodaj zapasy. Gotuj przez 15 minut. Podawać na gorąco.

Marynowana Jagnięcina

4 porcje

Składniki

750 g jagnięciny pokrojonej w cienkie paski

Sól dla smaku

1 litr wody

6 łyżek rafinowanego oleju roślinnego

1 łyżeczka szafranu

4 łyżki soku z cytryny

2 łyżki mielonego kminku, prażonego na sucho

4 łyżki zmielonych nasion sezamu

Korzeń imbiru o długości 7,5 cm/3 cale, drobno posiekany

12 ząbków czosnku, posiekanych

metoda

- Wymieszaj jagnięcinę z solą i wodą i gotuj na patelni na średnim ogniu przez 40 minut. Odcedź i zachowaj.
- Na patelni rozgrzej olej. Dodać jagnięcinę i smażyć na średnim ogniu przez 10 minut. Odcedzić i wymieszać z pozostałymi składnikami. Podawać na zimno.

Haleema

(Gotowana baranina po persku)

4 porcje

Składniki

500 g pszenicy namoczonej przez 2-3 godziny i odsączonej

1,5 litra / 2¾ pinty wody

Sól dla smaku

500 g/1 funt i 2 uncje jagnięciny, mielonej

4-5 łyżek ghee

3 duże cebule, pokrojone w plasterki

1 łyżeczka pasty imbirowej

1 łyżeczka pasty czosnkowej

1 łyżeczka szafranu

1 łyżeczka garam masala

metoda

- Pszenicę wymieszać z 250 ml wody i odrobiną soli. Gotuj na patelni na średnim ogniu przez 30 minut. Dobrze ugniataj i odłóż na bok.
- Gotuj jagnięcinę z pozostałą wodą i solą na patelni przez 45 minut. Odcedź i zmiel, aż powstanie delikatna pasta. Zapas rezerwowy.
- Podgrzej ghee. Smażyć cebulę na małym ogniu na złoty kolor. Dodać pastę imbirową, pastę czosnkową, kurkumę i mięso mielone. Smaż przez 8 minut. Dodać pszenicę, bulion i garam masala. Gotuj przez 20 minut. Podawać na gorąco.

Zielone kotlety baranie masala

4 porcje

Składniki

675 g kotletów jagnięcych

Sól dla smaku

1 łyżeczka szafranu

500 ml/16 uncji wody

2 łyżki mielonej kolendry

1 łyżeczka mielonego kminku

1 łyżka pasty imbirowej

1 łyżka pasty czosnkowej

100 g liści kolendry, zmielonych

1 łyżeczka soku z cytryny

1 łyżeczka mielonego czarnego pieprzu

1 łyżeczka garam masala

60 g zwykłej białej mąki

Rafinowany olej roślinny do smażenia

2 ubite jajka

50 g bułki tartej

metoda

- Baraninę wymieszać z solą, kurkumą i wodą. Gotuj na patelni na średnim ogniu przez 30 minut. Odcedź i zachowaj.
- Pozostałe składniki oprócz mąki, oleju, jajek i bułki tartej wymieszać.
- Kotlety przykryj tą mieszanką i posyp mąką.
- Na patelni rozgrzej olej. Kotlety maczamy w jajku, panierujemy w bułce tartej i smażymy na głębokim tłuszczu na złoty kolor. Obróć i powtórz. Podawać na gorąco.

Wątroba jagnięca z kozieradką

4 porcje

Składniki

4 łyżki rafinowanego oleju roślinnego

2 duże cebule, drobno posiekane

¾ łyżeczki pasty imbirowej

¾ łyżeczki pasty czosnkowej

50 g posiekanych liści kozieradki

600 g posiekanej wątroby jagnięcej

3 pomidory, drobno posiekane

1 łyżeczka garam masala

120 ml/4 uncji gorącej wody

1 łyżka soku z cytryny

Sól dla smaku

metoda

- Rozgrzej olej na patelni. Smaż cebulę na średnim ogniu, aż będzie przezroczysta. Dodaj pastę imbirową i pastę czosnkową. Smaż przez 1-2 minuty.
- Dodaj liście kozieradki i wątrobę. Smaż przez 5 minut.
- Dodaj pozostałe składniki. Gotuj przez 40 minut i podawaj na gorąco.

Wołowina hussaini

(Wołowina gotowana w sosie północnoindyjskim)

4 porcje

Składniki

4 łyżki rafinowanego oleju roślinnego

675 g/1 ½ funta wołowiny, drobno posiekanej

125 g jogurtu

Sól dla smaku

750 ml / 1¼ litra wody

Na mieszankę przypraw:

4 duże cebule

8 ząbków czosnku

2,5 cm / 1 cal Korzeń imbiru

2 łyżeczki garam masali

1 łyżeczka szafranu

2 łyżeczki mielonej kolendry

1 łyżeczka mielonego kminku

metoda

- Zmiel składniki mieszanki przypraw, aż utworzy się gęsta pasta.
- Rozgrzej olej na patelni. Dodać pastę i smażyć na średnim ogniu przez 4-5 minut. Dodaj mięso. Dobrze wymieszaj i smaż przez 8 do 10 minut.
- Dodaj jogurt, sól i wodę. Dobrze wymieszaj. Przykryj pokrywką i gotuj przez 40 minut, od czasu do czasu mieszając. Podawać na gorąco.

Baranek Meti

(Jagnięcina z Kozieradką)

4 porcje

Składniki

120 ml/4 uncji rafinowanego oleju roślinnego

1 duża cebula, pokrojona w cienkie plasterki

6 ząbków czosnku, posiekanych

600 g/1 funt 5 uncji jagnięciny, mielonej

50 g/1¾ uncji świeżych liści kozieradki, drobno posiekanych

½ łyżeczki szafranu

1 łyżeczka mielonej kolendry

125 g jogurtu

600ml/1 litr wody

½ łyżeczki mielonego zielonego kardamonu

Sól dla smaku

metoda

- Rozgrzej olej na patelni. Dodać cebulę i czosnek i smażyć na średnim ogniu przez 4 minuty.
- Dodaj jagnięcinę. Smaż przez 7-8 minut. Dodaj pozostałe składniki. Dobrze wymieszaj i gotuj przez 45 minut. Podawać na gorąco.

Indad wołowy

(Wołowina gotowana w sosie wschodnioindyjskim)

4 porcje

Składniki

675 g/1 ½ funta mięsa mielonego

2,5 cm cynamonu

6 goździków

Sól dla smaku

1 litr wody

5 łyżek rafinowanego oleju roślinnego

3 duże ziemniaki, pokrojone w plasterki

Na mieszankę przypraw:

60 ml/2 uncji octu słodowego

3 duże cebule

2,5 cm / 1 cal Korzeń imbiru

8 ząbków czosnku

½ łyżeczki szafranu

2 suszone czerwone papryki

2 łyżeczki nasion kminku

metoda

- Mięso wymieszać z cynamonem, goździkami, solą i wodą. Gotuj na patelni na średnim ogniu przez 45 minut. Odłóż to na bok.
- Składniki mieszanki przypraw zmiel na grubą pastę.
- Rozgrzej olej na patelni. Dodać pastę z mieszanki przypraw i smażyć na małym ogniu przez 5-6 minut. Dodaj mięso i ziemniaki. Dobrze wymieszaj. Gotuj przez 15 minut i podawaj na gorąco.

Zapiekanka jagnięca

4 porcje

Składniki

3 łyżki rafinowanego oleju roślinnego

2 duże cebule, drobno posiekane

4 ząbki czosnku, posiekane

500 g/1 funt i 2 uncje jagnięciny, mielonej

2 łyżeczki mielonego kminku

6 łyżek przecieru pomidorowego

150 g fasoli konserwowej

250 ml bulionu wołowego

Zmielony czarny pieprz do smaku

Sól dla smaku

metoda

- Rozgrzej olej na patelni. Dodać cebulę i czosnek i smażyć na średnim ogniu przez 2-3 minuty. Dodajemy mięso mielone i smażymy 10 minut. Dodaj pozostałe składniki. Dobrze wymieszaj i gotuj przez 30 minut.
- Przenieść do materiału ogniotrwałego. Piec w temperaturze 180°C (350°F, klasa gazu 4) przez 25 minut. Podawać na gorąco.

Jagnięcina o smaku kardamonu

4 porcje

Składniki

Sól dla smaku

200 g jogurtu

1 ½ łyżki pasty imbirowej

2½ łyżeczki pasty czosnkowej

2 łyżki mielonego zielonego kardamonu

675 g jagnięciny pokrojonej na kawałki o długości 3,5 cm

6 łyżek ghee

6 goździków

Cynamon 7,5 cm, grubo zmielony

4 duże cebule, drobno posiekane

½ łyżeczki kurkumy namoczonej w 2 łyżkach mleka

1 litr wody

125 g prażonych orzechów włoskich

metoda

- Wymieszaj sól, jogurt, pastę imbirową, pastę czosnkową i kardamon. Marynuj mięso w tej mieszance przez 2 godziny.
- Podgrzej ghee na patelni. Dodaj goździki i cynamon. Pozwól im bełkotać przez 15 sekund.
- Dodaj cebulę. Smaż przez 3-4 minuty. Dodać marynowane mięso, szafran i wodę. Dobrze wymieszaj. Przykryj pokrywką i gotuj przez 40 minut.
- Podawać gorące, udekorowane orzechami włoskimi.

Khema

(Mięso mielone)

4 porcje

Składniki

5 łyżek rafinowanego oleju roślinnego

4 duże cebule, drobno posiekane

1 łyżeczka pasty imbirowej

1 łyżeczka pasty czosnkowej

3 pomidory, drobno posiekane

2 łyżeczki garam masali

200 g mrożonego groszku

Sól dla smaku

675 g/1 ½ funta mięsa mielonego

500 ml/16 uncji wody

metoda

- Rozgrzej olej na patelni. Dodać cebulę i smażyć na średnim ogniu na złoty kolor. Dodać pastę imbirową, pastę czosnkową, pomidory, garam masala, groszek i sól. Dobrze wymieszaj. Smaż przez 3-4 minuty.
- Dodaj mięso i wodę. Dobrze wymieszaj. Gotuj przez 40 minut i podawaj na gorąco.

Pikantna Frittata Wieprzowa

4 porcje

Składniki

675 g wieprzowiny pokrojonej w kostkę

2 duże cebule, drobno posiekane

1 łyżeczka rafinowanego oleju roślinnego

1 litr wody

Sól dla smaku

Na mieszankę przypraw:

250 ml/8 uncji octu

2 duże cebule

1 łyżka pasty imbirowej

1 łyżka pasty czosnkowej

1 łyżka mielonego czarnego pieprzu

1 łyżka zielonego pieprzu

1 łyżka szafranu

1 łyżka chili w proszku

1 łyżka goździków

5 cm / 2 cale cynamonu

1 łyżka kapsułek zielonego kardamonu

metoda

- Składniki mieszanki przypraw zmiel na grubą pastę.
- Wymieszać z pozostałymi składnikami na patelni. Przykryj szczelną pokrywką i gotuj przez 50 minut. Podawać na gorąco.

Tandoori Raan

(Pikantny udziec jagnięcy gotowany w piecu Tandoor)

4 porcje

Składniki

675 g / 1 ½ funta udźca jagnięcego

400 g jogurtu

2 łyżki soku z cytryny

2 łyżeczki pasty imbirowej

2 łyżeczki pasty czosnkowej

1 łyżeczka zmielonych goździków

1 łyżeczka sproszkowanego cynamonu

2 łyżeczki chili w proszku

1 łyżeczka startej gałki muszkatołowej

Szczypta jabłka

Sól dla smaku

Rafinowany olej roślinny do polewania

metoda

- Nakłuj jagnięcinę widelcem.
- Pozostałe składniki, z wyjątkiem oleju, dobrze wymieszaj. Marynuj jagnięcinę w tej mieszance przez 4-6 godzin.
- Piec jagnięcinę w piekarniku nagrzanym na 180°C (350°F, Gas Mark 4) przez 1,5–2 godziny, od czasu do czasu podlewając. Podawać na gorąco.

Talaa jagnięcina

(Smażona Jagnięcina)

4 porcje

Składniki

675 g jagnięciny pokrojonej na 5 cm kawałki

Sól dla smaku

1 litr wody

4 łyżki ghee

2 duże cebule, pokrojone w plasterki

Na mieszankę przypraw:

8 suszonych papryk

1 łyżeczka szafranu

1 ½ łyżki garam masala

2 łyżeczki maku

3 duże cebule, drobno posiekane

1 łyżeczka pasty z tamaryndowca

metoda

- Składniki mieszanki przypraw zmiksować z wodą na gęstą pastę.
- Wymieszaj tę pastę z mięsem, solą i wodą. Gotuj na patelni na średnim ogniu przez 40 minut. Odłóż to na bok.
- Podgrzej ghee na patelni. Dodać cebulę i smażyć na średnim ogniu na złoty kolor. Dodaj mieszankę mięsną. Gotuj przez 6-7 minut i podawaj na gorąco.

Pieczony język

4 porcje

Składniki

900 g/2 funty ozora wołowego

Sól dla smaku

1 litr wody

1 łyżeczka ghee

3 duże cebule, drobno posiekane

5 cm / 2 cale Z korzenia imbiru, Julienne

4 pokrojone pomidory

125 g mrożonego groszku

10 g/¼ uncji liści mięty, drobno posiekanych

1 łyżeczka octu słodowego

1 łyżeczka mielonego czarnego pieprzu

½ łyżki garam masali

metoda

- Umieść język na patelni z solą i wodą i gotuj na średnim ogniu przez 45 minut. Odcedzić i lekko ostudzić. Obrać ze skóry i pokroić w paski. Odłóż to na bok.
- Podgrzej ghee na patelni. Dodać cebulę i imbir i smażyć na średnim ogniu przez 2-3 minuty. Dodaj ugotowany język i wszystkie pozostałe składniki. Gotuj przez 20 minut. Podawać na gorąco.

Smażone Roladki Baranie

4 porcje

Składniki

75 g startego sera Cheddar

½ łyżeczki mielonego czarnego pieprzu

1 łyżeczka pasty imbirowej

1 łyżeczka pasty czosnkowej

3 ubite jajka

50 g posiekanych liści kolendry

100 g bułki tartej

Sól dla smaku

675 g jagnięciny bez kości, pokrojonej na 10 cm / 10 cm kawałki i spłaszczonej

4 łyżki ghee

250 ml/8 uncji wody

metoda

- Wymieszaj wszystkie składniki oprócz mięsa, ghee i wody. Nałóż mieszaninę na jedną stronę kawałków mięsa. Każdy kawałek ciasno zwijamy i zawiązujemy sznurkiem.
- Na patelni rozgrzej ghee. Dodaj bułki baranie i smaż na średnim ogniu na złoty kolor. Dodaj wodę. Gotuj przez 15 minut i podawaj na gorąco.

Smażona wątroba masala

4 porcje

Składniki

4 łyżki rafinowanego oleju roślinnego

675 g wątroby jagnięcej pokrojonej w paski o długości 5 cm

2 łyżki imbiru, julienne

15 posiekanych ząbków czosnku

8 zielonych papryczek, przeciętych wzdłuż

2 łyżeczki mielonego kminku

1 łyżeczka szafranu

125 g jogurtu

1 łyżeczka mielonego czarnego pieprzu

Sól dla smaku

50 g posiekanych liści kolendry

1 sok z cytryny

metoda

- Rozgrzej olej na patelni. Dodaj paski wątroby i smaż na średnim ogniu przez 10-12 minut.
- Dodaj imbir, czosnek, zielone chili, kminek i kurkumę. Smaż przez 3-4 minuty. Dodać jogurt, pieprz i sól. Smaż przez 6-7 minut.
- Dodaj liście kolendry i sok z cytryny. Smażyć na małym ogniu przez 5-6 minut. Podawać na gorąco.

Pikantny język wołowy

4 porcje

Składniki

900 g/2 funty ozora wołowego

Sól dla smaku

1,5 litra / 2¾ pinty wody

2 łyżeczki nasion kminku

12 ząbków czosnku

5 cm / 2 cale cynamonu

4 goździki

6 suszonych czerwonych papryczek

8 ziaren czarnego pieprzu

6 łyżek octu słodowego

3 łyżki rafinowanego oleju roślinnego

2 duże cebule, drobno posiekane

3 pomidory, drobno posiekane

1 łyżeczka szafranu

metoda

- Gotuj język z solą i 1,2 litra wody na patelni na małym ogniu przez 45 minut. Obierz skórę. Ozory pokroić w kostkę i odłożyć.
- Zmiel nasiona kminku, czosnek, cynamon, goździki, suszoną czerwoną paprykę i ziarna pieprzu z octem na gładką pastę. Odłóż to na bok.
- Rozgrzej olej na patelni. Smaż cebulę na średnim ogniu, aż będzie przezroczysta. Dodać zmieloną pastę, pokrojony w kostkę ozorek, pomidory, kurkumę i resztę wody. Gotuj przez 20 minut i podawaj na gorąco.

Pasandy jagnięce

(Kebab Jagnięcy Z Sosem Jogurtowym)

4 porcje

Składniki

½ łyżki rafinowanego oleju roślinnego

3 duże cebule, przekrojone wzdłuż

¼ małej zielonej papai, zmielonej

200 g jogurtu

2 łyżeczki garam masali

Sól dla smaku

750 g jagnięciny bez kości, pokrojonej na 5 cm kawałki

metoda

- Rozgrzej olej na patelni. Smażyć cebulę na małym ogniu na złoty kolor.
- Odcedź i zmiel cebulę, aż utworzy się pasta. Wymieszać z pozostałymi składnikami oprócz jagnięciny. Marynuj jagnięcinę w tej mieszance przez 5 godzin.
- Ułóż w formie do ciasta i piecz w temperaturze 180°C (350°F, gaz Mark 4) przez 30 minut. Podawać na gorąco.

Curry z jagnięciną i jabłkiem

4 porcje

Składniki

5 łyżek rafinowanego oleju roślinnego

4 duże cebule, pokrojone w plasterki

4 duże pomidory, blanszowane (patrz<u>techniki gotowania</u>)

½ łyżeczki pasty czosnkowej

2 łyżeczki mielonej kolendry

2 łyżeczki mielonego kminku

1 łyżeczka chili w proszku

30 g/1 uncja orzechów nerkowca, zmielonych

750 g jagnięciny bez kości, pokrojonej na kawałki o grubości 2,5 cm

200 g jogurtu

1 łyżeczka mielonego czarnego pieprzu

Sól dla smaku

750 ml / 1¼ litra wody

4 jabłka pokrojone na kawałki o średnicy 3,5 cm

120 ml/4 uncji świeżego, pojedynczego kremu

metoda

- Na patelni rozgrzej olej. Smażyć cebulę na małym ogniu na złoty kolor.
- Dodać pomidor, pastę czosnkową, kolendrę i kminek. Smaż przez 5 minut.
- Dodać pozostałe składniki oprócz wody, jabłek i śmietanki. Dobrze wymieszaj i smaż przez 8 do 10 minut.
- Wlać wodę. Gotuj przez 40 minut. Dodać jabłka i mieszać przez 10 minut. Dodaj śmietanę i mieszaj przez kolejne 5 minut. Podawać na gorąco.

Suszona baranina w stylu Andhra

4 porcje

Składniki

675 g/1 ½ funta jagnięciny, mielonej

4 duże cebule, drobno posiekane

6 pomidorów, drobno posiekanych

1 ½ łyżeczki pasty imbirowej

1 ½ łyżeczki pasty czosnkowej

50 g/1¾ uncji świeżego kokosa, startego

2 ½ łyżki garam masala

½ łyżeczki mielonego czarnego pieprzu

1 łyżeczka szafranu

Sól dla smaku

500 ml/16 uncji wody

6 łyżek rafinowanego oleju roślinnego

metoda

- Wszystkie składniki oprócz oleju wymieszać ze sobą. Gotuj na patelni na średnim ogniu przez 40 minut. Odcedź mięso i wylej bulion.
- Na innej patelni rozgrzej olej. Dodać ugotowane mięso i smażyć na średnim ogniu przez 10 minut. Podawać na gorąco.

Proste curry z wołowiny

4 porcje

Składniki

3 łyżki rafinowanego oleju roślinnego

2 duże cebule, drobno posiekane

750 g/1 funt 10 uncji wołowiny, pokrojonej na kawałki o długości 2,5 cm

1 łyżeczka pasty imbirowej

1 łyżeczka pasty czosnkowej

1 łyżeczka chili w proszku

½ łyżeczki szafranu

Sól dla smaku

Jogurt 300 g/10 uncji

1,2 litra / 2 litry wody

metoda

- Rozgrzej olej na patelni. Smażyć cebulę na małym ogniu na złoty kolor.
- Dodać pozostałe składniki oprócz jogurtu i wody. Smaż przez 6-7 minut. Dodaj jogurt i wodę. Gotuj przez 40 minut. Podawać na gorąco.

Goszt Korma

(Bogata Baranina W Sosie)

4 porcje

Składniki

3 łyżki maku

75 g orzechów nerkowca

50 g/1¾ uncji suszonego kokosa

3 łyżki rafinowanego oleju roślinnego

1 duża cebula, pokrojona w cienkie plasterki

2 łyżki pasty imbirowej

2 łyżki pasty czosnkowej

675 g/1 ½ funta jagnięciny bez kości, mielonej

200 g jogurtu

10 g posiekanych liści kolendry

10 g/¼ uncji posiekanych liści mięty

½ łyżeczki garam masala

Sól dla smaku

1 litr wody

metoda

- Upraż na sucho mak, orzechy nerkowca i kokos. Rozetrzyj z wystarczającą ilością wody, aby uzyskać gęstą pastę. Odłóż to na bok.
- Rozgrzej olej na patelni. Smaż cebulę, pastę imbirową i pastę czosnkową na średnim ogniu przez 1-2 minuty.
- Dodać pastę z maku i orzechów nerkowca oraz pozostałe składniki oprócz wody. Dobrze wymieszaj i smaż przez 5-6 minut.
- Dodaj wodę. Gotuj przez 40 minut, ciągle mieszając. Podawać na gorąco.

Kotlety Erachi

(Delikatne kotlety baranie)

4 porcje

Składniki

750 g/1 funt 10 uncji kotletów baranich

Sól dla smaku

1 łyżeczka szafranu

1 litr wody

2 łyżki rafinowanego oleju roślinnego

1 łyżeczka pasty imbirowej

1 łyżeczka pasty czosnkowej

3 duże cebule, pokrojone w plasterki

5 zielonych papryczek, przeciętych wzdłuż

2 duże pomidory, drobno posiekane

½ łyżeczki mielonej kolendry

1 łyżka mielonego czarnego pieprzu

1 łyżka soku z cytryny

2 łyżki posiekanych liści kolendry

metoda

- Marynuj kotlety baranie solą i kurkumą przez 2-3 godziny.
- Mięso gotuj w wodzie na małym ogniu przez 40 minut. Odłóż to na bok.
- Rozgrzej olej na patelni. Dodać pastę imbirową, pastę czosnkową, cebulę i zielone chilli i smażyć na średnim ogniu przez 3-4 minuty.
- Dodać pomidory, mieloną kolendrę i pieprz. Dobrze wymieszaj. Smaż przez 5-6 minut. Dodaj baraninę i smaż przez 10 minut.
- Udekoruj sokiem z cytryny i liśćmi kolendry. Podawać na gorąco.

Pieczona mielona wołowina

4 porcje

Składniki

3 łyżki rafinowanego oleju roślinnego

2 duże cebule, drobno posiekane

6 ząbków czosnku, posiekanych

600 g/1 funt 5 uncji jagnięciny, mielonej

2 łyżeczki mielonego kminku

125 g przecieru pomidorowego

Fasola w puszkach 600 g/1 funt 5 uncji

Bulion Baraniny 500ml / 16fl oz

½ łyżeczki mielonego czarnego pieprzu

Sól dla smaku

metoda

- Rozgrzej olej na patelni. Dodaj cebulę i czosnek. Smażyć na małym ogniu przez 2-3 minuty. Dodaj pozostałe składniki. Gotuj przez 30 minut.
- Przełożyć do naczynia żaroodpornego i piec w temperaturze 200°C (400°F, Gas Mark 6) przez 25 minut. Podawać na gorąco.

Kaleji Do Pyaaza

(Wątroba z Cebulą)

4 porcje

Składniki

4 łyżki ghee

3 duże cebule, drobno posiekane

2,5 cm / 1 cal Korzeń imbiru, drobno posiekany

10 posiekanych ząbków czosnku

4 zielone papryki, przekrojone wzdłuż

1 łyżeczka szafranu

3 pomidory, drobno posiekane

750 g/1 funt 10 uncji posiekanej wątroby jagnięcej

2 łyżeczki garam masali

200 g jogurtu

Sól dla smaku

250 ml/8 uncji wody

metoda

- Podgrzej ghee na patelni. Dodać cebulę, imbir, czosnek, zielone chilli i kurkumę i smażyć na średnim ogniu przez 3-4 minuty. Dodać wszystkie pozostałe składniki oprócz wody. Dobrze wymieszaj. Smaż przez 7-8 minut.
- Dodaj wodę. Gotuj przez 30 minut, od czasu do czasu mieszając. Podawać na gorąco.

Baranek na kości

4 porcje

Składniki

30 g liści mięty, drobno posiekanych

3 zielone papryki, drobno posiekane

12 ząbków czosnku, posiekanych

1 sok z cytryny

675 g udźca jagnięcego pokrojonego na 4 kawałki

5 łyżek rafinowanego oleju roślinnego

Sól dla smaku

500 ml/16 uncji wody

1 duża cebula, drobno posiekana

4 duże ziemniaki, pokrojone w kostkę

5 małych bakłażanów przekrojonych na połówki

3 pomidory, drobno posiekane

metoda

- Zmiel liście mięty, zielone chilli i czosnek z wystarczającą ilością wody, aby uzyskać gładką pastę. Dodaj sok z cytryny i dobrze wymieszaj.
- Marynuj mięso w tej mieszance przez 30 minut.
- Rozgrzej olej na patelni. Dodać zamarynowane mięso i smażyć na małym ogniu przez 8 do 10 minut. Dodaj sól i wodę i gotuj przez 30 minut.
- Dodaj wszystkie pozostałe składniki. Gotuj przez 15 minut i podawaj na gorąco.

Wołowina Vindaloo

(Cury z wołowiny Goa)

4 porcje

Składniki

3 duże cebule, drobno posiekane

5 cm / 2 cale Z korzenia imbiru

10 ząbków czosnku

1 łyżka nasion kminku

½ łyżki mielonej kolendry

2 łyżeczki czerwonej papryki

½ łyżeczki nasion kozieradki

½ łyżeczki nasion gorczycy

60 ml/2 uncji octu słodowego

Sól dla smaku

675 g wołowiny bez kości, pokrojonej na 2,5 cm kawałki

3 łyżki rafinowanego oleju roślinnego

1 litr wody

metoda

- Zmiel wszystkie składniki oprócz mięsa, oleju i wody na grubą pastę. Marynuj mięso tą pastą przez 2 godziny.
- Rozgrzej olej na patelni. Dodać zamarynowane mięso i smażyć na małym ogniu przez 7-8 minut. Dodaj wodę. Gotuj przez 40 minut, od czasu do czasu mieszając. Podawać na gorąco.

Mięsne Curry

4 porcje

Składniki

4 łyżki rafinowanego oleju roślinnego

3 duże cebule, starte

1 ½ łyżki mielonego kminku

1 łyżeczka szafranu

1 łyżeczka chili w proszku

½ łyżki mielonego czarnego pieprzu

4 średniej wielkości pomidory, puree

675 g chudej wołowiny pokrojonej na kawałki o długości 2,5 cm

Sól dla smaku

1 ½ łyżeczki suszonych liści kozieradki

250 ml/8 uncji pojedynczego kremu

metoda

- Rozgrzej olej na patelni. Dodać cebulę i smażyć na średnim ogniu na złoty kolor.
- Dodać pozostałe składniki oprócz liści kozieradki i śmietanki.
- Dobrze wymieszaj i gotuj przez 40 minut. Dodać liście kozieradki i śmietanę. Gotuj przez 5 minut i podawaj na gorąco.

Jagnięcina Z Dynią

4 porcje

Składniki

750 g/1 funt 10 uncji jagnięciny, mielonej

200 g jogurtu

Sól dla smaku

2 duże cebule

2,5 cm / 1 cal Korzeń imbiru

7 ząbków czosnku

5 łyżek ghee

¾ łyżeczki kurkumy

1 łyżeczka garam masala

2 liście laurowe

750 ml / 1¼ litra wody

400 g dyni, ugotowanej i zmiksowanej

metoda

- Marynuj jagnięcinę w jogurcie i soli przez 1 godzinę.
- Zmiel cebulę, imbir i czosnek z taką ilością wody, aby powstała gęsta pasta. Podgrzej ghee na patelni. Dodajemy pastę wraz z kurkumą i smażymy 3-4 minuty.
- Dodaj garam masala, liście laurowe i baraninę. Smaż przez 10 minut.
- Dodaj wodę i dynię. Gotuj przez 40 minut i podawaj na gorąco.

Gusztaba

(Baranina po kaszmirze)

4 porcje

Składniki

675 g jagnięciny bez kości

6 kapsułek z czarnym kardamonem

Sól dla smaku

4 łyżki ghee

4 duże cebule, pokrojone w pierścienie

600 g/1 funt 5 uncji jogurtu

1 łyżeczka zmielonych nasion kopru włoskiego

1 łyżka sproszkowanego cynamonu

1 łyżka zmielonych goździków

1 łyżka pokruszonych liści mięty

metoda

- Zmiksuj baraninę z kardamonem i solą, aż będzie miękka. Podziel na 12 kulek i odłóż na bok.
- Podgrzej ghee na patelni. Smażyć cebulę na małym ogniu na złoty kolor. Dodaj jogurt i gotuj przez 8 do 10 minut, ciągle mieszając.
- Dodaj klopsiki i wszystkie pozostałe składniki oprócz liści mięty. Gotuj przez 40 minut. Podawać udekorowane listkami mięty.

Jagnięcina z mieszanymi warzywami i ziołami

4 porcje

Składniki

5 łyżek rafinowanego oleju roślinnego

3 duże cebule, drobno posiekane

750 g/1 funt 10 uncji jagnięciny, mielonej

50 g / 1 50 uncji liści amarantusa*, drobno posiekane

100 g liści szpinaku, drobno posiekanych

50 g posiekanych liści kozieradki

50 g liści koperku, drobno posiekanych

50 g posiekanych liści kolendry

1 łyżeczka pasty imbirowej

1 łyżeczka pasty czosnkowej

3 zielone papryki, drobno posiekane

1 łyżeczka szafranu

2 łyżeczki mielonej kolendry

1 łyżeczka mielonego kminku

Sól dla smaku

1 litr wody

metoda

- Rozgrzej olej na patelni. Smażyć cebulę na średnim ogniu na złoty kolor. Dodać pozostałe składniki oprócz wody. Smaż przez 12 minut.
- Dodaj wodę. Gotuj przez 40 minut i podawaj na gorąco.

Cytrynowa Baranek

4 porcje

Składniki

Jagnięcina 750 g/1 funt 10 uncji, pokrojona na kawałki o długości 2,5 cm

2 pokrojone pomidory

4 zielone papryki, drobno posiekane

1 łyżeczka pasty imbirowej

1 łyżeczka pasty czosnkowej

2 łyżeczki garam masali

125 g jogurtu

500 ml/16 uncji wody

Sól dla smaku

1 łyżka rafinowanego oleju roślinnego

10 szalotek

3 łyżki soku z cytryny

metoda

- Wymieszaj jagnięcinę ze wszystkimi pozostałymi składnikami z wyjątkiem oliwy z oliwek, szalotki i soku z cytryny. Gotuj na patelni na średnim ogniu przez 45 minut. Odłóż to na bok.

- Rozgrzej olej na patelni. Smaż szalotkę na małym ogniu przez 5 minut.
- Wymieszaj z jagnięcym curry i skrop sokiem z cytryny. Podawać na gorąco.

Pasanda jagnięca z migdałami

(Kawałki jagnięciny z migdałami w sosie jogurtowym)

4 porcje

Składniki

120 ml/4 uncji rafinowanego oleju roślinnego

4 duże cebule, drobno posiekane

750 g jagnięciny bez kości, pokrojonej na 5 cm kawałki

3 pomidory, drobno posiekane

1 łyżeczka pasty imbirowej

1 łyżeczka pasty czosnkowej

2 łyżeczki mielonego kminku

1 ½ łyżeczki garam masala

Sól dla smaku

200 g jogurtu greckiego

750 ml / 1¼ litra wody

25 migdałów, grubo zmielonych

metoda

- Rozgrzej olej na patelni. Dodać cebulę i smażyć na małym ogniu przez 6 minut. Dodaj jagnięcinę i smaż przez 8 do 10 minut. Dodać pozostałe składniki oprócz jogurtu, wody i migdałów. Smaż przez 5-6 minut.
- Dodać jogurt, wodę i połowę migdałów. Gotuj przez 40 minut, ciągle mieszając. Podawać posypane pozostałymi migdałami.

Smażona Kiełbasa Wieprzowa Z Papryką

4 porcje

Składniki

2 łyżki oleju

1 duża cebula, pokrojona

400g kiełbasy wieprzowej

1 zielona papryka, julienne

1 ziemniak, ugotowany i posiekany

½ łyżeczki pasty imbirowej

½ łyżeczki pasty czosnkowej

½ łyżeczki chili w proszku

¼ łyżeczki kurkumy

10 g posiekanych liści kolendry

Sól dla smaku

4 łyżki wody

metoda

- Rozgrzej olej na patelni. Dodać cebulę i smażyć przez minutę. Zmniejsz ogień i dodaj wszystkie pozostałe składniki oprócz wody. Delikatnie smaż przez 10-15 minut, aż kiełbaski będą ugotowane.
- Dodać wodę i gotować na małym ogniu przez 5 minut. Podawać na gorąco.

Baranina Shah Jahan

(Baranina gotowana w bogatym sosie Moghlai)

4 porcje

Składniki

5-6 łyżek ghee

4 duże cebule, pokrojone w plasterki

675 g/1 ½ funta jagnięciny, mielonej

1 litr wody

Sól dla smaku

8-10 migdałów, zmiażdżonych

Na mieszankę przypraw:

8 ząbków czosnku

2,5 cm / 1 cal Korzeń imbiru

2 łyżeczki maku

50 g posiekanych liści kolendry

5 cm / 2 cale cynamonu

4 goździki

metoda

- Składniki mieszanki przypraw zmiel na pastę. Odłóż to na bok.
- Podgrzej ghee na patelni. Smażyć cebulę na małym ogniu na złoty kolor.
- Dodaj pastę z mieszanką przypraw. Smaż przez 5-6 minut. Dodaj baraninę i smaż przez 18-20 minut. Dodaj wodę i sól. Gotuj przez 30 minut.
- Udekoruj migdałami i podawaj na gorąco.

Szaszłyk rybny

4 porcje

Składniki

1 kg miecznika, obranego i filetowanego

4 łyżki rafinowanego oleju roślinnego plus dodatkowa ilość do smażenia

75 g / 2½ uncji chana dhal*, namoczone w 250 ml/9 uncji wody przez 30 minut

3 goździki

½ łyżeczki nasion kminku

2,5 cm / 1 cal Korzeń imbiru, starty

10 ząbków czosnku

2,5 cm cynamonu

2 kapsułki czarnego kardamonu

8 ziaren czarnego pieprzu

4 suszone czerwone papryki

¾ łyżeczki kurkumy

1 łyżka jogurtu greckiego

1 łyżeczka nasion czarnego kminku

Do wypełnienia:

2 suszone figi, drobno posiekane

4 suszone morele, posiekane

1 sok z cytryny

10 g/¼ uncji liści mięty, drobno posiekanych

10 g/¼ uncji liści kolendry, drobno posiekanych

Sól dla smaku

metoda

- Rybę gotuj na parze na średnim ogniu przez 10 minut. Odłóż to na bok.

- Na patelni rozgrzej 2 łyżki oleju. Odcedzić dhal i smażyć na średnim ogniu na złoty kolor.

- Wymieszaj dhal z goździkami, nasionami kminku, imbirem, czosnkiem, cynamonem, kardamonem, ziarnami pieprzu, czerwoną papryką, kurkumą, jogurtem i nasionami czarnego kminku. Zmiel tę mieszaninę z wystarczającą ilością wody, aby uzyskać gładką pastę. Odłóż to na bok.

- Na patelni rozgrzej 2 łyżki oleju. Dodaj tę pastę i smaż na średnim ogniu przez 4-5 minut.

- Dodaj gotowaną na parze rybę. Dobrze wymieszaj i mieszaj przez 2 minuty.

- Podzielić masę na 8 porcji i uformować burgery. Odłóż to na bok.

- Wszystkie składniki nadzienia wymieszać. Podziel na 8 porcji.

- Spłaszcz burgery i na każdym ostrożnie połóż porcję nadzienia. Zawiąż jak worek i zwiń ponownie, tworząc kulkę. Poklep piłki.

- Na patelni rozgrzej olej do smażenia. Dodaj burgery i smaż je na średnim ogniu, aż będą złociste. Obróć i powtórz.

- Odsączyć na papierze chłonnym i podawać gorące.

Kotlety Rybne

4 porcje

Składniki

500 g ogona żabnicy, pozbawionego skóry i filetowanego

500 ml/16 uncji wody

Sól dla smaku

1 łyżka rafinowanego oleju roślinnego plus dodatkowa ilość do smażenia

1 łyżka pasty imbirowej

1 łyżka pasty czosnkowej

1 duża cebula, drobno starta

4 zielone papryki, starte

½ łyżeczki szafranu

1 łyżeczka garam masala

1 łyżeczka mielonego kminku

1 łyżeczka chili w proszku

1 pomidor, blanszowany i pokrojony w plasterki

25 g/niewielkie 1 uncja liści kolendry, drobno posiekanych

2 łyżki liści mięty, drobno posiekanych

400 g gotowanego groszku

2 kromki chleba namoczone w wodzie i odsączone

50 g bułki tartej

metoda

- Rybę wraz z wodą włóż do garnka. Dodać sól i gotować na średnim ogniu przez 20 minut. Odcedź i zachowaj.

- Aby przygotować nadzienie, na patelni rozgrzej 1 łyżkę oleju. Dodać pastę imbirową, pastę czosnkową i cebulę. Smażyć na średnim ogniu przez 2-3 minuty.

- Dodaj zielone chilli, kurkumę, garam masala, kminek w proszku i chilli w proszku. Smaż przez minutę.

- Dodaj pomidora. Smaż przez 3-4 minuty.

- Dodaj liście kolendry, liście mięty, groszek i kromki chleba. Dobrze wymieszaj. Gotuj na małym ogniu przez 7-8 minut, od czasu do czasu mieszając. Zdjąć z ognia i dobrze zagnieść mieszaninę. Podziel na 8 równych części i odłóż na bok.

- Ugotowaną rybę rozgnieć i podziel na 8 porcji.

- Każdą porcję ryby uformuj w miseczkę i napełnij porcją nadzienia. Zwinąć jak woreczek, zwinąć w kulkę i uformować kotlet. Powtórz tę czynność z pozostałymi porcjami ryby i nadzieniem.

- Na patelni rozgrzej olej do smażenia. Kotlety maczamy w bułce tartej i smażymy na średnim ogniu na złoty kolor. Podawać na gorąco.

Ryba Sooka

(Suszone ryby z przyprawami)

4 porcje

Składniki

Korzeń imbiru o długości 1 cm

10 ząbków czosnku

1 łyżka liści kolendry, drobno posiekanych

3 zielone papryki

1 łyżeczka szafranu

3 łyżeczki chili w proszku

Sól dla smaku

1 kg miecznika, obranego i filetowanego

50 g/1¾ uncji suszonego kokosa

6-7 kokum*, namoczony przez 1 godzinę w 120 ml/4 uncji wody

4 łyżki rafinowanego oleju roślinnego

60 ml / 2 uncje wody

metoda

- Wymieszaj imbir, czosnek, liście kolendry, zielone chilli, kurkumę, chili w proszku i sól. Zmiel tę mieszaninę, aż utworzy się gładka pasta.

- Marynuj rybę w powstałej paście przez 1 godzinę.

- Podgrzej patelnię. Dodaj kokos. Suszyć na średnim ogniu przez jedną minutę.

- Wyrzuć jagody kokum i dodaj wodę kokum. Dobrze wymieszaj. Zdejmij z ognia i dodaj tę mieszaninę do marynowanej ryby.

- Rozgrzej olej na patelni. Dodaj mieszaninę rybną i gotuj na średnim ogniu przez 4-5 minut.

- Dodaj wodę. Dobrze wymieszaj. Przykryj pokrywką i gotuj przez 20 minut, od czasu do czasu mieszając.

- Podawać na gorąco.

Mahja Kalia

(Ryba z kokosem, sezamem i orzeszkami ziemnymi)

4 porcje

Składniki

100 g/3½ uncji świeżego kokosa, startego

1 łyżeczka nasion sezamu

1 łyżka orzeszków ziemnych

1 łyżka pasty z tamaryndowca

1 łyżeczka szafranu

1 łyżeczka mielonej kolendry

Sól dla smaku

250 ml/8 uncji wody

500 g filetów z miecznika

1 łyżka posiekanych liści kolendry

metoda

- Upraż na sucho kokos, nasiona sezamu i orzeszki ziemne. Wymieszać z pastą tamaryndowca, kurkumą, mieloną kolendrą i solą. Rozetrzyj z wystarczającą ilością wody, aby uzyskać gładką pastę.

- Gotuj tę mieszaninę z pozostałą wodą na patelni na średnim ogniu przez 10 minut, ciągle mieszając. Dodaj filety rybne i gotuj przez 10-12 minut. Udekoruj liśćmi kolendry i podawaj na gorąco.

Curry z krewetkami Rosachi

(Krewetki Gotowane Z Kokosem)

4 porcje

Składniki

200 g świeżego kokosa, startego

5 czerwonych papryk

1 ½ łyżeczki nasion kolendry

1 ½ łyżeczki maku

1 łyżeczka nasion kminku

½ łyżeczki szafranu

6 ząbków czosnku

120 ml/4 uncji rafinowanego oleju roślinnego

2 duże cebule, drobno posiekane

2 pokrojone pomidory

250 g krewetek, łuskanych i żyłkowanych

Sól dla smaku

metoda

- Zmiel kokos, chili, kolendrę, mak, kminek, kurkumę i czosnek z taką ilością wody, aby powstała gładka pasta. Odłóż to na bok.

- Rozgrzej olej na patelni. Smażyć cebulę na małym ogniu na złoty kolor.

- Dodaj zmieloną pastę kokosową z czerwonej papryki, pomidory, krewetki i sól. Dobrze wymieszaj. Gotuj przez 15 minut, od czasu do czasu mieszając. Podawać na gorąco.

Ryba nadziewana daktylami i migdałami

4 porcje

Składniki

4 pstrągi po 250 g każdy, pokrojone pionowo

½ łyżeczki chili w proszku

1 łyżeczka pasty imbirowej

250 g świeżych daktyli bez pestek, blanszowanych i drobno posiekanych

75 g migdałów, blanszowanych i drobno posiekanych

2-3 łyżki ryżu gotowanego na parze (patrz Tutaj)

1 łyżeczka cukru

¼ łyżeczki cynamonu w proszku

½ łyżeczki mielonego czarnego pieprzu

Sól dla smaku

1 duża cebula, pokrojona w cienkie plasterki

metoda

- Marynuj rybę w proszku chili i paście imbirowej przez 1 godzinę.

- Wymieszaj daktyle, migdały, ryż, cukier, cynamon, pieprz i sól. Zagniataj, aż powstanie miękkie ciasto. Odłóż to na bok.

- W szczeliny marynowanej ryby włóż pastę migdałową z daktylami. Nadziewaną rybę ułożyć na arkuszu folii aluminiowej i posypać cebulą.

- Zawiń rybę i cebulę w folię aluminiową i dobrze sklej krawędzie.

- Piec w piekarniku nagrzanym na 200°C (400°F, Gas Mark 6) przez 15-20 minut. Rozwiń folię i piecz rybę przez kolejne 5 minut. Podawać na gorąco.

Ryba Tandoori

4 porcje

Składniki

1 łyżeczka pasty imbirowej

1 łyżeczka pasty czosnkowej

½ łyżeczki garam masala

1 łyżeczka chili w proszku

1 łyżka soku z cytryny

Sól dla smaku

500 g filetów z ogona żabnicy 2 uncje

1 łyżka chaat masala*

metoda

- Wymieszaj pastę imbirową, pastę czosnkową, garam masala, chili w proszku, sok z cytryny i sól.

- Zrób nacięcia w rybie. Marynować z mieszanką imbiru i czosnku przez 2 godziny.

- Grilluj rybę przez 15 minut. Posyp chaat masala. Podawać na gorąco.

Ryba Z Warzywami

4 porcje

Składniki

750 g/1 funt 10 uncji filetów z łososia, bez skóry

½ łyżeczki szafranu

Sól dla smaku

2 łyżki oleju musztardowego

¼ łyżeczki nasion gorczycy

¼ łyżeczki nasion kopru włoskiego

¼ łyżeczki nasion cebuli

¼ łyżeczki nasion kozieradki

¼ łyżeczki nasion kminku

2 liście laurowe

2 suszone czerwone papryki, przekrojone na połówki

1 duża cebula, pokrojona w cienkie plasterki

2 duże zielone papryki, pokrojone wzdłuż

½ łyżeczki cukru

125 g groszku konserwowego

1 duży ziemniak, pokrojony w paski

2-3 małe bakłażany pokrojone w julienne

250 ml/8 uncji wody

metoda

- Rybę marynujemy z kurkumą i solą na 30 minut.

- Rozgrzej olej na patelni. Dodać marynowaną rybę i smażyć na średnim ogniu przez 4-5 minut, od czasu do czasu obracając. Odcedź i zachowaj.

- Do tego samego oleju dodać nasiona gorczycy, koper włoski, cebulę, kozieradkę i kminek. Pozwól im bełkotać przez 15 sekund.

- Dodaj liście laurowe i czerwoną paprykę. Smaż przez 30 sekund.

- Dodaj cebulę i zielony pieprz. Smażyć na średnim ogniu, aż cebula stanie się złocista.

- Dodać cukier, groszek, ziemniaki i bakłażany. Dobrze wymieszaj. Smaż mieszaninę przez 7-8 minut.

- Dodać smażoną rybę i wodę. Dobrze wymieszaj. Przykryj pokrywką i gotuj przez 12-15 minut, od czasu do czasu mieszając.

- Podawać na gorąco.

Tandoor Gulnar

(Pstrąg gotowany w piecu tandoor)

4 porcje

Składniki

4 pstrągi po 250 g każdy

Masło do posmarowania

Na pierwszą marynatę:

120 ml/4 uncji octu słodowego

2 łyżki soku z cytryny

2 łyżeczki pasty czosnkowej

½ łyżeczki chili w proszku

Sól dla smaku

Na drugą marynatę:

400 g jogurtu

1 jajko

1 łyżeczka pasty czosnkowej

2 łyżeczki pasty imbirowej

120 ml/4 uncji świeżego, pojedynczego kremu

180 g besanu*

Krewetki w Zielonej Masali

4 porcje

Składniki

Korzeń imbiru o długości 1 cm

8 ząbków czosnku

3 zielone papryki, przekrojone wzdłuż

50 g posiekanych liści kolendry

1 ½ łyżki rafinowanego oleju roślinnego

2 duże cebule, drobno posiekane

2 pokrojone pomidory

500 g dużych krewetek, łuskanych i żyłkowanych

1 łyżeczka pasty z tamaryndowca

Sól dla smaku

½ łyżeczki szafranu

metoda

- Zmiel imbir, czosnek, papryczkę chili i liście kolendry. Odłóż to na bok.
- Rozgrzej olej na patelni. Smażyć cebulę na małym ogniu na złoty kolor.
- Dodaj pastę imbirowo-czosnkową i pomidory. Smaż przez 4-5 minut.
- Dodać krewetki, pastę z tamaryndowca, sól i kurkumę. Dobrze wymieszaj. Gotuj przez 15 minut, od czasu do czasu mieszając. Podawać na gorąco.

Kotlet Rybny

4 porcje

Składniki

2 jajka

1 łyżka zwykłej białej mąki

Sól dla smaku

400 g/14 uncji John Dory, bez skóry i filetowany

500 ml/16 uncji wody

2 duże ziemniaki, ugotowane i zmiksowane

1 ½ łyżeczki garam masala

1 duża starta cebula

1 łyżeczka pasty imbirowej

Rafinowany olej roślinny do smażenia

200 g bułki tartej

metoda

- Jajka ubić z mąką i solą. Odłóż to na bok.
- Rybę gotuj w osolonej wodzie na patelni na średnim ogniu przez 15-20 minut. Odcedź i zagniataj z ziemniakami, garam masala, cebulą, pastą imbirową i solą, aż uzyskasz miękkie ciasto.
- Podzielić na 16 części, uformować kulki i lekko spłaszczyć, tworząc kotlety.
- Rozgrzej olej na patelni. Kotlety maczamy w roztrzepanym jajku, panierujemy w bułce tartej i smażymy na małym ogniu na złoty kolor. Podawać na gorąco.

Parsi Fish Sas

(Ryba gotowana w białym sosie)

4 porcje

Składniki

1 łyżka mąki ryżowej

1 łyżka cukru

60 ml/2 uncji octu słodowego

2 łyżki rafinowanego oleju roślinnego

2 duże cebule, drobno posiekane

½ łyżeczki pasty imbirowej

½ łyżeczki pasty czosnkowej

1 łyżeczka mielonego kminku

Sól dla smaku

250 ml/8 uncji wody

8 filetów z soli cytrynowej

2 ubite jajka

metoda

- Mąkę ryżową zmiel z cukrem i octem, aż powstanie pasta. Odłóż to na bok.
- Rozgrzej olej na patelni. Smażyć cebulę na małym ogniu na złoty kolor.
- Dodać pastę imbirową, pastę czosnkową, kminek, sól, wodę i rybę. Gotuj na małym ogniu przez 25 minut, od czasu do czasu mieszając.
- Dodaj mieszaninę mąki i gotuj przez minutę.
- Delikatnie dodaj jajka. Mieszaj przez minutę. Udekoruj i podawaj na gorąco.

Peszawari Machhi

4 porcje

Składniki

3 łyżki rafinowanego oleju roślinnego

1 kg łososia pokrojonego w steki

2,5 cm / 1 cal Korzeń imbiru, starty

8 zmiażdżonych ząbków czosnku

2 duże cebule, zmielone

3 pomidory, blanszowane i pokrojone

1 łyżeczka garam masala

400 g jogurtu

¾ łyżeczki kurkumy

1 łyżeczka amchoury*

Sól dla smaku

metoda

- Podgrzej olej. Smażyć rybę na małym ogniu na złoty kolor. Odcedź i zachowaj.
- Na ten sam olej dodaj imbir, czosnek i cebulę. Smaż na małym ogniu przez 6 minut. Dodać smażoną rybę i wszystkie pozostałe składniki. Dobrze wymieszaj.
- Gotuj przez 20 minut i podawaj na gorąco.

Curry z Kraba

4 porcje

Składniki

4 średniej wielkości kraby, oczyszczone (patrz <u>techniki gotowania</u>)

Sól dla smaku

1 łyżeczka szafranu

½ wiórków kokosowych

6 ząbków czosnku

4-5 czerwonych papryk

1 łyżka nasion kolendry

1 łyżka nasion kminku

1 łyżeczka pasty z tamaryndowca

3-4 zielone papryki, przekrojone wzdłuż

1 łyżka rafinowanego oleju roślinnego

1 duża cebula, drobno posiekana

metoda

- Marynuj kraby solą i kurkumą przez 30 minut.
- Zmiel wszystkie pozostałe składniki oprócz oliwy z oliwek i cebuli z taką ilością wody, aby uzyskać gładką pastę.
- Rozgrzej olej na patelni. Smażyć zmieloną pastę i cebulę na małym ogniu, aż cebula stanie się złocista. Dodaj trochę wody. Gotuj przez 7-8 minut, od czasu do czasu mieszając. Dodaj marynowane kraby. Dobrze wymieszaj i gotuj przez 5 minut. Podawać na gorąco.

Musztardowa ryba

4 porcje

Składniki

8 łyżek oleju musztardowego

4 pstrągi po 250 g każdy

2 łyżeczki mielonego kminku

2 łyżeczki mielonej musztardy

1 łyżeczka mielonej kolendry

½ łyżeczki szafranu

120 ml/4 uncji wody

Sól dla smaku

metoda

- Rozgrzej olej na patelni. Dodać rybę i smażyć na średnim ogniu przez 1-2 minuty. Obróć rybę i powtórz. Odcedź i zachowaj.
- Do tego samego oleju dodać mielony kminek, musztardę i kolendrę. Pozwól im bełkotać przez 15 sekund.
- Dodać kurkumę, wodę, sól i smażoną rybę. Dobrze wymieszaj i gotuj przez 10-12 minut. Podawać na gorąco.

Meen Vattichathu

(Czerwona ryba gotowana z przyprawami)

4 porcje

Składniki

600 g miecznika, obranego i filetowanego

½ łyżeczki szafranu

Sól dla smaku

3 łyżki rafinowanego oleju roślinnego

½ łyżeczki nasion gorczycy

½ łyżeczki nasion kozieradki

8 liści curry

2 duże cebule, drobno posiekane

8 ząbków czosnku, posiekanych

5 cm / 2 cale Imbir, drobno pokrojony

6 kokum*

metoda

- Marynuj rybę w kurkumie i soli przez 2 godziny.
- Rozgrzej olej na patelni. Dodaj nasiona gorczycy i kozieradkę. Pozwól im bełkotać przez 15 sekund. Dodać wszystkie pozostałe składniki i marynowaną rybę. Smaż na małym ogniu przez 15 minut. Podawać na gorąco.

Doi Maach

(Ryba gotowana w jogurcie)

4 porcje

Składniki

4 pstrągi, pozbawione skóry i filetowane

2 łyżki rafinowanego oleju roślinnego

2 liście laurowe

1 duża cebula, drobno posiekana

2 łyżeczki cukru

Sól dla smaku

200 g jogurtu

Na marynatę:

3 goździki

Kawałek cynamonu o długości 5 cm

3 kapsułki zielonego kardamonu

5 cm / 2 cale z korzenia imbiru

1 duża cebula, pokrojona w cienkie plasterki

1 łyżeczka szafranu

Sól dla smaku

metoda

- Wszystkie składniki marynaty zmiksować razem. Marynuj rybę w tej mieszance przez 30 minut.
- Rozgrzej olej na patelni. Dodać liście laurowe i cebulę. Smażyć na małym ogniu przez 3 minuty. Dodać cukier, sól i marynowaną rybę. Dobrze wymieszaj.
- Smaż przez 10 minut. Dodaj jogurt i gotuj przez 8 minut. Podawać na gorąco.

Smażona ryba

4 porcje

Składniki

6 łyżek besan*

2 łyżeczki garam masali

1 łyżeczka amchoury*

1 łyżeczka nasion ajowanu

1 łyżeczka pasty imbirowej

1 łyżeczka pasty czosnkowej

Sól dla smaku

675 g ogona żabnicy, pozbawiony skóry i filetowany

Rafinowany olej roślinny do smażenia

metoda

- Wymieszaj wszystkie składniki oprócz ryby i oleju z taką ilością wody, aby powstało gęste ciasto. Marynuj rybę w tym cieście przez 4 godziny.
- Na patelni rozgrzej olej. Dodać rybę i smażyć na średnim ogniu przez 4-5 minut. Odwróć i smaż ponownie przez 2-3 minuty. Podawać na gorąco.

Kotlet Machhera

4 porcje

Składniki

500 g łososia bez skóry i filetowanego

Sól dla smaku

500 ml/16 uncji wody

250 g ziemniaków, gotowanych i puree

200 ml/7 uncji oleju musztardowego

2 duże cebule, drobno posiekane

½ łyżeczki pasty imbirowej

½ łyżeczki pasty czosnkowej

1 ½ łyżeczki garam masala

1 ubite jajko

200 g bułki tartej

Rafinowany olej roślinny do smażenia

metoda

- Włóż rybę do garnka z solą i wodą. Gotuj na średnim ogniu przez 15 minut. Odcedzić i zmiksować z ziemniakami. Odłóż to na bok.
- Na patelni rozgrzej olej. Dodać cebulę i smażyć na średnim ogniu na złoty kolor. Dodać mieszankę rybną i wszystkie pozostałe składniki z wyjątkiem jajka i bułki tartej. Dobrze wymieszaj i gotuj na małym ogniu przez 10 minut.
- Studzimy i dzielimy na kulki wielkości cytryny. Spłaszczyć i uformować kotlety.
- Na patelni rozgrzej olej do smażenia. Kotlety maczamy w jajku, panierujemy w bułce tartej i smażymy na średnim ogniu na złoty kolor. Podawać na gorąco.

Miecznik z Goa

(Miecznik gotowany po goańsku)

4 porcje

Składniki

50 g/1¾ uncji świeżego kokosa, startego

1 łyżeczka nasion kolendry

1 łyżeczka nasion kminku

1 łyżeczka maku

4 ząbki czosnku

1 łyżka pasty z tamaryndowca

250 ml/8 uncji wody

Rafinowany olej roślinny do smażenia

1 duża cebula, drobno posiekana

1 łyżka kokum*

Sól dla smaku

½ łyżeczki szafranu

4 steki z miecznika

metoda

- Zmiel kokos, nasiona kolendry, kminek, mak, czosnek i pastę z tamaryndowca z taką ilością wody, aby uzyskać gładką pastę. Odłóż to na bok.
- Rozgrzej olej na patelni. Dodać cebulę i smażyć na średnim ogniu na złoty kolor.
- Dodaj zmieloną pastę i smaż przez 2 minuty. Dodaj pozostałe składniki. Dobrze wymieszaj i gotuj przez 15 minut. Podawać na gorąco.

Suszona Ryba Masala

4 porcje

Składniki

6 filetów z łososia

¼ świeżego kokosa, startego

7 czerwonych papryk

1 łyżka szafranu

Sól dla smaku

metoda

- Grilluj filety rybne przez 20 minut. Odłóż to na bok.
- Pozostałe składniki zmiksuj na gładką pastę.
- Wymieszaj z rybą. Gotuj mieszaninę na patelni na małym ogniu przez 15 minut. Podawać na gorąco.

Curry z krewetkami z Madrasu

4 porcje

Składniki

3 łyżki rafinowanego oleju roślinnego

3 duże cebule, drobno posiekane

12 ząbków czosnku, posiekanych

3 pomidory, blanszowane i pokrojone

½ łyżeczki szafranu

Sól dla smaku

1 łyżeczka chili w proszku

2 łyżki pasty z tamaryndowca

750 g średniej wielkości krewetek, w skorupach i żyłkach

4 łyżki mleka kokosowego

metoda

- Rozgrzej olej na patelni. Dodać cebulę i czosnek i smażyć na średnim ogniu przez minutę. Dodaj pomidory, kurkumę, sól, chili w proszku, pastę tamaryndowca i krewetki. Dobrze wymieszaj i smaż przez 7-8 minut.
- Dodaj mleko kokosowe. Gotuj przez 10 minut i podawaj na gorąco.

Ryba w kozieradce

4 porcje

Składniki

8 łyżek rafinowanego oleju roślinnego

500 g łososia, filety

1 łyżka pasty czosnkowej

75 g/2½ uncji świeżych liści kozieradki, drobno posiekanych

4 pokrojone pomidory

2 łyżeczki mielonej kolendry

1 łyżeczka mielonego kminku

1 łyżeczka soku z cytryny

Sól dla smaku

1 łyżeczka szafranu

75 g / 2½ uncji gorącej wody

metoda

- Na patelni rozgrzej 4 łyżki oleju. Dodać rybę i smażyć na średnim ogniu z obu stron na złoty kolor. Odcedź i zachowaj.
- Na patelni rozgrzej 4 łyżki oleju. Dodaj pastę czosnkową. Smażyć na małym ogniu przez jedną minutę. Dodać pozostałe składniki oprócz wody. Smaż przez 4-5 minut.
- Dodać wodę i smażoną rybę. Dobrze wymieszaj. Przykryj pokrywką i gotuj przez 10-15 minut, od czasu do czasu mieszając. Podawać na gorąco.

Karimeen Porichathu

(Filet Rybny w Masali)

4 porcje

Składniki

1 łyżeczka chili w proszku

1 łyżka mielonej kolendry

1 łyżeczka szafranu

1 łyżeczka pasty imbirowej

2 zielone papryki, posiekane

1 sok z cytryny

8 liści curry

Sól dla smaku

8 filetów z łososia

Rafinowany olej roślinny do smażenia

metoda

- Wymieszaj wszystkie składniki oprócz ryby i oleju.
- Zamarynuj rybę w tej mieszance i wstaw do lodówki na 2 godziny.
- Na patelni rozgrzej olej. Dodać kawałki ryby i smażyć na średnim ogniu na złoty kolor.
- Podawać na gorąco.

Krewetki Jumbo

4 porcje

Składniki

500 g dużych krewetek, łuskanych i żyłkowanych

1 łyżeczka szafranu

½ łyżeczki chili w proszku

Sól dla smaku

3 łyżki rafinowanego oleju roślinnego

1 duża cebula, drobno posiekana

1 cm / ½ cala Korzeń imbiru, drobno posiekany

10 posiekanych ząbków czosnku

2-3 zielone papryki, przekrojone wzdłuż

½ łyżeczki cukru

250 ml/8 uncji mleka kokosowego

1 łyżka liści kolendry, drobno posiekanych

metoda

- Marynuj krewetki z kurkumą, chili w proszku i solą przez 1 godzinę.
- Rozgrzej olej na patelni. Dodaj cebulę, imbir, czosnek i zielone chilli i smaż na średnim ogniu przez 2-3 minuty.
- Dodać cukier, sól i marynowane krewetki. Dobrze wymieszaj i smaż przez 10 minut. Dodaj mleko kokosowe. Gotuj przez 15 minut.
- Udekoruj liśćmi kolendry i podawaj na gorąco.

Marynowane ryby

4 porcje

Składniki

Rafinowany olej roślinny do smażenia

1 kg miecznika, obranego i filetowanego

1 łyżeczka szafranu

12 suszonych czerwonych papryczek

1 łyżka nasion kminku

5 cm / 2 cale Z korzenia imbiru

15 ząbków czosnku

250 ml/8 uncji octu słodowego

Sól dla smaku

metoda

- Na patelni rozgrzej olej. Dodać rybę i smażyć na średnim ogniu przez 2-3 minuty. Odwróć i smaż przez 1-2 minuty. Odłóż to na bok.
- Pozostałe składniki zmiksuj na gładką pastę.
- Gotuj pastę na patelni na małym ogniu przez 10 minut. Dodać rybę, gotować 3-4 minuty, następnie ostudzić i przechowywać w słoiczku w lodówce do 1 tygodnia.

Curry z kulkami rybnymi

4 porcje

Składniki

500 g łososia bez skóry i filetowanego

Sól dla smaku

750 ml / 1¼ litra wody

1 duża cebula

3 łyżeczki garam masali

½ łyżeczki szafranu

3 łyżki rafinowanego oleju roślinnego plus dodatkowa ilość do smażenia

5 cm / 2 cale Korzeń imbiru, starty

5 zmiażdżonych ząbków czosnku

250 g pomidorów, blanszowanych i pokrojonych w kostkę

2 łyżki jogurtu, zmiksowanego

metoda

- Rybę gotuj z odrobiną soli i 500 ml wody na średnim ogniu przez 20 minut. Odcedzić i zmiksować z cebulą, solą, 1 łyżeczką garam masala i szafranem na jednolitą masę. Podziel na 12 kulek.
- Rozgrzej olej do smażenia. Dodać kulki i smażyć na średnim ogniu na złoty kolor. Odcedź i zachowaj.
- Na patelni rozgrzej 3 łyżki oleju. Dodać wszystkie pozostałe składniki, pozostałą wodę i kulki rybne. Gotuj przez 10 minut i podawaj na gorąco.

Ryba Amritsari

(Ostra pikantna ryba)

4 porcje

Składniki

200 g jogurtu

½ łyżeczki pasty imbirowej

½ łyżeczki pasty czosnkowej

1 sok z cytryny

½ łyżeczki garam masala

Sól dla smaku

675 g ogona żabnicy, pozbawiony skóry i filetowany

metoda

- Wymieszaj wszystkie składniki oprócz ryby. Marynuj rybę w tej mieszance przez 1 godzinę.
- Grilluj marynowaną rybę przez 7-8 minut. Podawać na gorąco.

Masala Smażone Krewetki

4 porcje

Składniki

4 ząbki czosnku

5 cm/2 cale imbiru

2 łyżki świeżego kokosa, startego

2 suszone czerwone papryki

1 łyżka nasion kolendry

1 łyżeczka szafranu

Sól dla smaku

120 ml/4 uncji wody

750 g/1 funt 10 uncji krewetek, łuskanych i żyłkowanych

3 łyżki rafinowanego oleju roślinnego

3 duże cebule, drobno posiekane

2 pokrojone pomidory

2 łyżki posiekanych liści kolendry

1 łyżeczka garam masala

metoda

- Zmiel czosnek, imbir, kokos, czerwone chili, nasiona kolendry, kurkumę i sól z taką ilością wody, aby powstała gładka pasta.
- Marynuj krewetki w tej paście przez godzinę.
- Rozgrzej olej na patelni. Dodaj cebulę i smaż na średnim ogniu, aż będzie przezroczysta.
- Dodać marynowane pomidory i krewetki. Dobrze wymieszaj. Dodać wodę, przykryć pokrywką i gotować 20 minut.
- Udekoruj liśćmi kolendry i garam masala. Podawać na gorąco.

Zakrywająca Solona Ryba

4 porcje

Składniki

2 łyżki soku z cytryny

Sól dla smaku

Zmielony czarny pieprz do smaku

4 steki z miecznika

2 łyżki masła

1 duża cebula, drobno posiekana

1 zielona papryka, wydrążona i posiekana

3 pomidory, obrane i pokrojone

50 g bułki tartej

85 g startego sera Cheddar

metoda

- Posyp rybę sokiem z cytryny, solą i pieprzem. Odłóż to na bok.
- Na patelni rozgrzej masło. Dodaj cebulę i zielony pieprz. Smażyć na średnim ogniu przez 2-3 minuty. Dodać pomidory, bułkę tartą i ser. Smaż przez 4-5 minut.
- Rozłóż mieszaninę równomiernie na rybie. Zawiń w folię i piecz w temperaturze 200°C (400°F, Gas Mark 6) przez 30 minut. Podawać na gorąco.

Krewetki Pasandy

(Krewetki gotowane z jogurtem i octem)

4 porcje

Składniki

250 g krewetek, łuskanych i żyłkowanych

Sól dla smaku

1 łyżeczka mielonego czarnego pieprzu

2 łyżeczki octu słodowego

2 łyżeczki rafinowanego oleju roślinnego

1 łyżka pasty czosnkowej

2 duże cebule, drobno posiekane

2 pokrojone pomidory

2 posiekany szczypiorek

1 łyżeczka garam masala

250 ml/8 uncji wody

4 łyżki jogurtu greckiego

metoda

- Marynuj krewetki solą, pieprzem i octem przez 30 minut.
- Grilluj krewetki przez 5 minut. Odłóż to na bok.
- Rozgrzej olej na patelni. Dodaj pastę czosnkową i cebulę. Smażyć na średnim ogniu przez jedną minutę. Dodaj pomidora, szczypiorek i garam masala. Smaż przez 4 minuty. Dodaj grillowane krewetki i wodę. Gotuj na małym ogniu przez 15 minut. Dodaj jogurt. Mieszaj przez 5 minut. Podawać na gorąco.

Nadziewany miecznik

(Miecznik gotowany w sosie goańskim)

4 porcje

Składniki

4 czerwone papryki

6 ząbków czosnku

2,5 cm / 1 cal Korzeń imbiru

½ łyżeczki szafranu

1 duża cebula

1 łyżeczka pasty z tamaryndowca

1 łyżeczka nasion kminku

1 łyżka cukru

Sól dla smaku

120 ml/4 uncji octu słodowego

1 kg / 2¼ funta miecznika, oczyszczonego

Rafinowany olej roślinny do smażenia

metoda

- Zmiel wszystkie składniki oprócz ryby i oleju.
- Zrób nacięcia w mieczniku i marynuj w zmielonej mieszance, umieszczając dużą ilość mieszanki w nacięciach. Odstawić na 1 godzinę.
- Na patelni rozgrzej olej. Dodać marynowaną rybę i smażyć na małym ogniu przez 2-3 minuty. Obróć i powtórz. Podawać na gorąco.

Teekha Jhinga

(Krewetki na gorąco)

4 porcje

Składniki

4 łyżki rafinowanego oleju roślinnego

1 łyżeczka nasion kopru włoskiego

2 duże cebule, drobno posiekane

2 łyżeczki pasty imbirowej

2 łyżeczki pasty czosnkowej

Sól dla smaku

½ łyżeczki szafranu

3 łyżki garam masali

25 g/niewielka 1 uncja suszonego kokosa

60 ml / 2 uncje wody

1 łyżka soku z cytryny

500 g krewetek w skorupkach i żyłkach

metoda

- Rozgrzej olej na patelni. Dodaj nasiona kopru włoskiego. Pozwól im bełkotać przez 15 sekund. Dodać cebulę, pastę imbirową i pastę czosnkową. Smażyć na średnim ogniu przez jedną minutę.
- Dodaj pozostałe składniki oprócz krewetek. Smaż przez 7 minut.
- Dodaj krewetki i smaż przez 15 minut, często mieszając. Podawać na gorąco.

Bałchow Kamerun

(Krewetki gotowane po goańsku)

4 porcje

Składniki

750 g/1 funt 10 uncji krewetek, łuskanych i żyłkowanych

250 ml/8 uncji octu słodowego

8 ząbków czosnku

2 duże cebule, drobno posiekane

1 łyżka mielonego kminku

¼ łyżeczki kurkumy

Sól dla smaku

120 ml/4 uncji rafinowanego oleju roślinnego

50 g posiekanych liści kolendry

metoda

- Marynuj krewetki w 4 łyżkach octu przez 2 godziny.
- Pozostały ocet zmiel z czosnkiem, cebulą, kminkiem, kurkumą i solą na gładką pastę. Odłóż to na bok.
- Rozgrzej olej na patelni. Smaż krewetki na małym ogniu przez 12 minut.
- Dodaj folder. Dobrze wymieszaj i smaż na małym ogniu przez 15 minut.
- Udekoruj liśćmi kolendry. Podawać na gorąco.

Kamerun Bhujna

(Suszone Krewetki Z Kokosem i Cebulą)

4 porcje

Składniki

50 g/1¾ uncji świeżego kokosa, startego

2 duże cebule

6 czerwonych papryk

5 cm / 2 cale Korzeń imbiru, starty

1 łyżeczka pasty czosnkowej

4 łyżki rafinowanego oleju roślinnego

5 suchych kokum*

¼ łyżeczki kurkumy

750 g/1 funt 10 uncji krewetek, łuskanych i żyłkowanych

250 ml/8 uncji wody

Sól dla smaku

metoda

- Zmiel kokos, cebulę, czerwone chilli, imbir i pastę czosnkową.
- Rozgrzej olej na patelni. Dodać pastę z kokum i kurkumą. Smażyć na małym ogniu przez 5 minut.
- Dodaj krewetki, wodę i sól. Gotuj przez 20 minut, ciągle mieszając. Podawać na gorąco.

Chingdi Macher Malai

(Krewetki w Kokosie)

4 porcje

Składniki

2 duże cebule, starte

2 łyżki pasty imbirowej

100 g/3½ uncji świeżego kokosa, startego

4 łyżki rafinowanego oleju roślinnego

500 g krewetek w skorupkach i żyłkach

1 łyżeczka szafranu

1 łyżeczka mielonego kminku

4 pokrojone pomidory

1 łyżeczka cukru

1 łyżeczka ghee

2 goździki

2,5 cm cynamonu

2 kapsułki zielonego kardamonu

3 liście laurowe

Sól dla smaku

4 duże ziemniaki, pokroić w kostkę i usmażyć

250 ml/8 uncji wody

metoda

- Cebulę, pastę imbirową i kokos zmiel na gładką pastę. Odłóż to na bok.
- Na patelni rozgrzej olej. Dodaj krewetki i smaż je na średnim ogniu przez 5 minut. Odcedź i zachowaj.
- Do tego samego oleju dodać zmieloną pastę i wszystkie pozostałe składniki oprócz wody. Smaż przez 6-7 minut. Dodaj smażone krewetki i wodę. Dobrze wymieszaj i gotuj przez 10 minut. Podawać na gorąco.

Ryba Sorse Bata

(Ryba w paście musztardowej)

4 porcje

Składniki

4 łyżki nasion gorczycy

7 zielonych papryczek

2 łyżki wody

½ łyżeczki szafranu

5 łyżek oleju musztardowego

Sól dla smaku

Sola cytrynowa 1kg, obrana i filetowana

metoda

- Wszystkie składniki oprócz ryb zmiksować z taką ilością wody, aby powstała gładka pasta. Marynuj rybę w tej mieszance przez 1 godzinę.
- Gotuj przez 25 minut. Podawać na gorąco.

Zupa rybna

4 porcje

Składniki

1 łyżka rafinowanego oleju roślinnego

2 goździki

2,5 cm cynamonu

3 liście laurowe

5 ziaren czarnego pieprzu

1 łyżeczka pasty czosnkowej

1 łyżeczka pasty imbirowej

2 duże cebule, drobno posiekane

400 g/14 uncji mrożonych mieszanych warzyw

Sól dla smaku

250 ml/8 uncji gorącej wody

500 g filetów z żabnicy 1 funt i 2 uncje

1 łyżka zwykłej białej mąki rozpuszczona w 60 ml mleka

metoda

- Rozgrzej olej na patelni. Dodać goździki, cynamon, liść laurowy i pieprz. Pozwól im bełkotać przez 15 sekund. Dodać pastę czosnkową, pastę imbirową i cebulę. Smażyć na średnim ogniu przez 2-3 minuty.
- Dodać warzywa, sól i wodę. Dobrze wymieszaj i gotuj przez 10 minut.
- Ostrożnie dodaj mieszaninę ryb i mąki. Dobrze wymieszaj. Gotuj na średnim ogniu przez 10 minut. Podawać na gorąco.

Jhinga Nissa

(Krewetki Z Jogurtem)

4 porcje

Składniki

1 łyżka soku z cytryny

1 łyżeczka pasty imbirowej

1 łyżeczka pasty czosnkowej

1 łyżeczka nasion sezamu

200 g jogurtu

2 zielone papryki, posiekane

½ łyżeczki suszonych liści kozieradki

½ łyżeczki zmielonych goździków

½ łyżeczki cynamonu w proszku

½ łyżeczki mielonego czarnego pieprzu

Sól dla smaku

12 dużych krewetek bez skorup i żyłek

metoda

- Wymieszaj wszystkie składniki oprócz krewetek. Marynuj krewetki w tej mieszance przez godzinę.
- Marynowane krewetki układamy na patyczkach do szaszłyków i grillujemy przez 15 minut. Podawać na gorąco.

Lula Vindaloo

(Kalmary gotowane w pikantnym sosie goan)

4 porcje

Składniki

8 łyżek octu słodowego

8 czerwonych papryk

3,5 cm / 1½ cala Korzeń imbiru

20 ząbków czosnku

1 łyżeczka nasion gorczycy

1 łyżeczka nasion kminku

1 łyżeczka szafranu

Sól dla smaku

6 łyżek rafinowanego oleju roślinnego

3 duże cebule, drobno posiekane

500 g kalmarów pokrojonych w plasterki

metoda

- Zmiel połowę octu z czerwonym chili, imbirem, czosnkiem, gorczycą, kminkiem, kurkumą i solą, aż uzyskasz gładką pastę. Odłóż to na bok.
- Rozgrzej olej na patelni. Smażyć cebulę na małym ogniu na złoty kolor.
- Dodaj pastę do podłogi. Dobrze wymieszaj i smaż przez 5-6 minut.
- Dodaj kalmary i pozostały ocet. Gotuj na małym ogniu przez 15-20 minut, od czasu do czasu mieszając. Podawać na gorąco.

Homar z Bałchowa

(Pikantne homary gotowane w curry z Goa)

4 porcje

Składniki

400 g mięsa homara, mielonego

Sól dla smaku

½ łyżeczki szafranu

60 ml/2 uncji octu słodowego

1 łyżeczka cukru

120 ml/4 uncji rafinowanego oleju roślinnego

2 duże cebule, drobno posiekane

12 ząbków czosnku, posiekanych

1 łyżeczka garam masala

1 łyżka posiekanych liści kolendry

metoda

- Marynuj homara solą, szafranem, octem i cukrem przez 1 godzinę.
- Rozgrzej olej na patelni. Dodaj cebulę i czosnek. Smażyć na małym ogniu przez 2-3 minuty. Dodaj marynowanego homara i garam masalę. Gotuj na małym ogniu przez 15 minut, od czasu do czasu mieszając.
- Udekoruj liśćmi kolendry. Podawać na gorąco.

Krewetki Z Bakłażanem

4 porcje

Składniki

4 łyżki rafinowanego oleju roślinnego

6 ziaren czarnego pieprzu

3 zielone papryki

4 goździki

6 ząbków czosnku

Korzeń imbiru o długości 1 cm

2 łyżki posiekanych liści kolendry

1 ½ łyżki suszonego kokosa

2 duże cebule, drobno posiekane

500 g/1 funt i 2 uncje posiekanego bakłażana

250 g krewetek, łuskanych i żyłkowanych

½ łyżeczki szafranu

1 łyżeczka pasty z tamaryndowca

Sól dla smaku

10 orzechów nerkowca

120 ml/4 uncji wody

metoda

- Na patelni rozgrzej 1 łyżkę oleju. Dodaj ziarna pieprzu, zielone chilli, goździki, czosnek, imbir, liście kolendry i kokos na średnim ogniu przez 2-3 minuty. Mieszaj mieszaninę, aż utworzy się gładka pasta. Odłóż to na bok.
- Na patelni rozgrzej pozostały olej. Dodać cebulę i smażyć na średnim ogniu przez minutę. Dodać bakłażany, krewetki i kurkumę. Smaż przez 5 minut.
- Dodać zmieloną pastę i wszystkie pozostałe składniki. Dobrze wymieszaj i gotuj przez 10-15 minut. Podawać na gorąco.

Zielone krewetki

4 porcje

Składniki

1 sok z cytryny

50 g/1¾ uncji liści mięty

50 g/1 uncja liści kolendry

4 zielone papryki

2,5 cm / 1 cal Korzeń imbiru

8 ząbków czosnku

Szczypta garam masali

Sól dla smaku

20 średniej wielkości krewetek bez łusek i żyłek

metoda

- Wszystkie składniki oprócz krewetek zmiksować na gładką pastę. Marynuj krewetki w tej mieszance przez 1 godzinę.
- Nadziać krewetki. Grilluj przez 10 minut, od czasu do czasu obracając. Podawać na gorąco.

Ryba Z Kolendrą

4 porcje

Składniki

3 łyżki rafinowanego oleju roślinnego

1 duża cebula, drobno posiekana

4 zielone papryki, drobno posiekane

1 łyżka pasty imbirowej

1 łyżka pasty czosnkowej

1 łyżeczka szafranu

Sól dla smaku

100 g posiekanych liści kolendry

1 kg łososia bez skóry i filetowanego

250 ml/8 uncji wody

metoda

- Rozgrzej olej na patelni. Smażyć cebulę na małym ogniu na złoty kolor.
- Dodaj wszystkie pozostałe składniki oprócz ryby i wody. Smaż przez 3-4 minuty. Dodaj rybę i smaż przez 3-4 minuty.
- Dodaj wodę. Dobrze wymieszaj i gotuj przez 10-12 minut. Podawać na gorąco.

Malajska ryba

(Ryba gotowana w kremowym sosie)

4 porcje

Składniki

250 ml/8 uncji rafinowanego oleju roślinnego

1 kg filetów z okonia morskiego

1 łyżka zwykłej białej mąki

1 duża starta cebula

½ łyżeczki szafranu

250 ml/8 uncji mleka kokosowego

Sól dla smaku

Na mieszankę przypraw:

1 łyżeczka nasion kolendry

1 łyżeczka nasion kminku

4 zielone papryki

6 ząbków czosnku

6 łyżek wody

metoda

- Zmiel składniki mieszanki przypraw. Wyciśnij mieszaninę, aby wydobyć sok do małej miski. Zarezerwuj sok. Wyrzuć skórkę.
- Na patelni rozgrzej olej. Rybę obtaczamy w mące i smażymy na średnim ogniu na złoty kolor. Odcedź i zachowaj.
- Na ten sam olej dodaj cebulę i smaż na średnim ogniu na złoty kolor.
- Dodać sok z mieszanki przypraw i wszystkie pozostałe składniki. Dobrze wymieszaj.
- Gotuj przez 10 minut. Dodaj rybę i gotuj przez 5 minut. Podawać na gorąco.

Curry rybne Konkani

4 porcje

Składniki

1 kg łososia bez skóry i filetowanego

Sól dla smaku

1 łyżeczka szafranu

1 łyżeczka chili w proszku

2 łyżki rafinowanego oleju roślinnego

1 duża cebula, drobno posiekana

½ łyżeczki pasty imbirowej

750 ml / 1¼ litra mleka kokosowego

3 zielone papryki, przekrojone wzdłuż

metoda

- Marynuj rybę solą, kurkumą i chili w proszku przez 30 minut.
- Rozgrzej olej na patelni. Dodać cebulę i pastę imbirową. Smażyć na średnim ogniu, aż cebula stanie się przezroczysta.
- Dodać mleko kokosowe, zielony pieprz i marynowaną rybę. Dobrze wymieszaj. Gotuj przez 15 minut. Podawać na gorąco.

Pikantne krewetki czosnkowe

4 porcje

Składniki

4 łyżki rafinowanego oleju roślinnego

2 duże cebule, drobno posiekane

1 łyżka pasty czosnkowej

12 ząbków czosnku, posiekanych

1 łyżeczka chili w proszku

1 łyżeczka mielonej kolendry

½ łyżeczki mielonego kminku

2 pokrojone pomidory

Sól dla smaku

1 łyżeczka szafranu

750 g/1 funt 10 uncji krewetek, łuskanych i żyłkowanych

250 ml/8 uncji wody

metoda

- Rozgrzej olej na patelni. Dodać cebulę, pastę czosnkową i posiekany czosnek. Smażyć na średnim ogniu, aż cebula stanie się przezroczysta.
- Dodaj pozostałe składniki oprócz krewetek i wody. Smaż przez 3-4 minuty. Dodaj krewetki i smaż przez 3-4 minuty.
- Dodaj wodę. Dobrze wymieszaj i gotuj przez 12-15 minut. Podawać na gorąco.

Proste curry rybne

4 porcje

Składniki

2 duże cebule, pokrojone na ćwiartki

3 goździki

2,5 cm cynamonu

4 ziarna czarnego pieprzu

2 łyżeczki nasion kolendry

1 łyżeczka nasion kminku

1 pomidor pokrojony w ćwiartki

Sól dla smaku

2 łyżki rafinowanego oleju roślinnego

750 g/1 funt 10 uncji łososia bez skóry i filetowanego

250 ml/8 uncji wody

metoda

- Zmiel wszystkie składniki oprócz oleju, ryby i wody. Rozgrzej olej na patelni. Dodać pastę i smażyć na małym ogniu przez 7 minut.
- Dodaj rybę i wodę. Gotuj przez 25 minut, ciągle mieszając. Podawać na gorąco.

Curry z ryby goańskiej

4 porcje

Składniki

100 g/3½ uncji świeżego kokosa, startego

4 suszone czerwone papryki

1 łyżeczka nasion kminku

1 łyżeczka nasion kolendry

360 ml/12 uncji wody

3 łyżki rafinowanego oleju roślinnego

1 duża starta cebula

1 łyżeczka szafranu

8 liści curry

2 pomidory, blanszowane i pokrojone

2 zielone papryki, przekrojone wzdłuż

1 łyżka pasty z tamaryndowca

Sól dla smaku

1 kg łososia pokrojonego w plasterki

metoda

- Zmiel kokos, czerwone chili, kminek i nasiona kolendry z 4 łyżkami wody na gęstą pastę. Odłóż to na bok.
- Rozgrzej olej na patelni. Smaż cebulę na małym ogniu, aż będzie przezroczysta.
- Dodaj pastę kokosową. Smaż przez 3-4 minuty.
- Dodaj wszystkie pozostałe składniki z wyjątkiem ryby i pozostałej wody. Smaż przez 6-7 minut. Dodaj rybę i wodę. Dobrze wymieszaj i gotuj przez 20 minut, od czasu do czasu mieszając. Podawać na gorąco.

Krewetki Vindaloo

(Krewetki gotowane w pikantnym curry z Goa)

4 porcje

Składniki

3 łyżki rafinowanego oleju roślinnego

1 duża starta cebula

4 pokrojone pomidory

1 ½ łyżeczki chili w proszku

½ łyżeczki szafranu

2 łyżeczki mielonego kminku

750 g/1 funt 10 uncji krewetek, łuskanych i żyłkowanych

3 łyżki białego octu

1 łyżeczka cukru

Sól dla smaku

metoda

- Rozgrzej olej na patelni. Dodać cebulę i smażyć na średnim ogniu przez 1-2 minuty. Dodaj pomidory, chili w proszku, kurkumę i kminek. Dobrze wymieszaj i smaż przez 6-7 minut, od czasu do czasu mieszając.
- Dodaj krewetki i dobrze wymieszaj. Gotuj na małym ogniu przez 10 minut.
- Dodać ocet, cukier i sól. Gotuj przez 5-7 minut. Podawać na gorąco.

Ryba w Zielonej Masali

4 porcje

Składniki

750 g/1 funt 10 uncji miecznika, bez skóry i filetowany

Sól dla smaku

1 łyżeczka szafranu

50 g/1¾ uncji liści mięty

100 g liści kolendry

12 ząbków czosnku

5 cm / 2 cale Z korzenia imbiru

2 duże cebule, pokrojone w plasterki

5 cm / 2 cale cynamonu

1 łyżka maku

3 goździki

500 ml/16 uncji wody

3 łyżki rafinowanego oleju roślinnego

metoda

- Marynuj rybę solą i szafranem przez 30 minut.
- Pozostałe składniki oprócz oleju zmiksować z taką ilością wody, aby powstała gęsta pasta.
- Rozgrzej olej na patelni. Dodać pastę i smażyć na średnim ogniu przez 4-5 minut. Dodać marynowaną rybę i resztę wody. Dobrze wymieszaj i gotuj przez 20 minut, od czasu do czasu mieszając. Podawać na gorąco.

Clam Masala

4 porcje

Składniki

500 g / 1 funt 2 uncje skorupiaków, oczyszczonych (patrz<u>techniki gotowania</u>)

Sól dla smaku

¾ łyżeczki kurkumy

1 łyżka nasion kolendry

3 goździki

2,5 cm cynamonu

4 ziarna czarnego pieprzu

2,5 cm / 1 cal Korzeń imbiru

8 ząbków czosnku

60 g/2 uncji świeżego kokosa, startego

2 łyżki rafinowanego oleju roślinnego

1 duża cebula, drobno posiekana

500 ml/16 uncji wody

metoda

- Para (patrz <u>techniki gotowania</u>) małże gotować na parze przez 20 minut. Posyp solą i kurkumą na wierzchu. Odłóż to na bok.
- Zmiel pozostałe składniki oprócz oleju, cebuli i wody.
- Rozgrzej olej na patelni. Dodać pastę i cebulę. Smaż na średnim ogniu przez 4-5 minut. Dodaj ugotowane na parze małże i smaż przez 5 minut. Dodaj wodę. Gotuj przez 10 minut i podawaj na gorąco.

Ryba Tikka

4 porcje

Składniki

2 łyżeczki pasty imbirowej

2 łyżeczki pasty czosnkowej

1 łyżeczka garam masala

1 łyżeczka chili w proszku

2 łyżeczki mielonego kminku

2 łyżki soku z cytryny

Sól dla smaku

1 kg żabnicy, obranej i filetowanej

Rafinowany olej roślinny do płytkiego smażenia

2 ubite jajka

3 łyżki semoliny

metoda

- Wymieszaj pastę imbirową, pastę czosnkową, garam masala, chili w proszku, kminek, sok z cytryny i sól. Marynuj rybę w tej mieszance przez 2 godziny.
- Na patelni rozgrzej olej. Marynowaną rybę zanurzamy w jajku, w kaszy mannie i smażymy na średnim ogniu przez 4-5 minut.
- Odwróć i smaż przez 2-3 minuty. Odsączyć na papierze chłonnym i podawać gorące.

Bakłażan Nadziewany Krewetkami

4 porcje

Składniki

4 łyżki rafinowanego oleju roślinnego

1 duża cebula, drobno starta

2 łyżeczki pasty imbirowej

2 łyżeczki pasty czosnkowej

1 łyżeczka szafranu

½ łyżeczki garam masala

Sól dla smaku

1 łyżeczka pasty z tamaryndowca

180 g krewetek w skorupach i żyłkach

60 ml / 2 uncje wody

8 małych bakłażanów

10 g posiekanych liści kolendry do dekoracji

metoda

- Aby przygotować nadzienie, na patelni rozgrzej połowę oleju. Dodać cebulę i smażyć na małym ogniu na złoty kolor. Dodać pastę imbirową, pastę czosnkową, kurkumę i garam masala. Smaż przez 2-3 minuty.
- Dodać sól, pastę tamaryndową, krewetki i wodę. Dobrze wymieszaj i gotuj przez 15 minut. Ostudzić.
- Za pomocą noża zrób krzyż na czubku bakłażana. Wytnij głębiej wzdłuż krzyża, pozostawiając drugi koniec niepodzielny. Umieść mieszaninę krewetek w tym zagłębieniu. Powtórz tę czynność dla wszystkich bakłażanów.
- Na patelni rozgrzej pozostały olej. Dodać nadziewane bakłażany. Smaż na małym ogniu przez 12-15 minut, od czasu do czasu obracając. Udekoruj i podawaj na gorąco.

Krewetki Z Czosnkiem I Cynamonem

4 porcje

Składniki

250 ml/8 uncji rafinowanego oleju roślinnego

1 łyżeczka szafranu

2 łyżeczki pasty czosnkowej

Sól dla smaku

500 g krewetek w skorupkach i żyłkach

2 łyżeczki sproszkowanego cynamonu

metoda

- Rozgrzej olej na patelni. Dodać kurkumę, pastę czosnkową i sól. Smażyć na średnim ogniu przez 2 minuty. Dodaj krewetki i gotuj przez 15 minut.
- Dodaj cynamon. Gotuj przez 2 minuty i podawaj na gorąco.

Halibut na parze z musztardą

4 porcje

Składniki

1 łyżeczka pasty imbirowej

1 łyżeczka pasty czosnkowej

¼ łyżeczki pasty z czerwonej papryki

2 łyżeczki musztardy angielskiej

2 łyżeczki soku z cytryny

1 łyżeczka oleju musztardowego

Sól dla smaku

Sola cytrynowa 1kg, obrana i filetowana

25 g/niewielkie 1 uncja liści kolendry, drobno posiekanych

metoda

- Wymieszaj wszystkie składniki oprócz ryby i liści kolendry. Marynuj rybę w tej mieszance przez 30 minut.
- Rybę ułożyć w płytkim naczyniu. Para (patrz techniki gotowania) w waporyzatorze na 15 minut. Udekoruj liśćmi kolendry i podawaj na gorąco.

Curry z żółtej ryby

4 porcje

Składniki

100 ml oleju musztardowego

1 kg łososia bez skóry i filetowanego

4 łyżeczki musztardy angielskiej

1 łyżeczka mielonej kolendry

1 łyżeczka chili w proszku

2 łyżeczki pasty czosnkowej

125 g przecieru pomidorowego

120 ml/4 uncji wody

Sól dla smaku

1 łyżeczka szafranu

2 łyżki liści kolendry, drobno posiekanych, do dekoracji

metoda

- Na patelni rozgrzej olej. Dodać rybę i smażyć na małym ogniu na złoty kolor. Obróć i powtórz. Odcedź rybę i odłóż na bok. Zarezerwuj olej.
- Musztardę wymieszać z mieloną kolendrą, mielonym chili i czosnkiem.

- Rozgrzać olej, na którym smażono rybę. Smaż mieszaninę musztardy przez minutę.
- Dodaj przecier pomidorowy. Smaż na średnim ogniu przez 4-5 minut.
- Dodać smażoną rybę, wodę, sól i kurkumę. Dobrze wymieszaj i gotuj przez 15-20 minut, od czasu do czasu mieszając.
- Udekoruj liśćmi kolendry. Podawać na gorąco.

www.ingramcontent.com/pod-product-compliance
Lightning Source LLC
Chambersburg PA
CBHW071858110526
44591CB00011B/1456